# 走进世界著名遗址

本丛书编委会 编

KANTU ZOUTIANXIA CONGSHU

Zoujin Shijie Zhuming Yizhi

看图走天下丛书

世界图书出版公司
广州·北京·上海·西安

**图书在版编目（CIP）数据**

走进世界著名遗址/《看图走天下丛书》编委会编.
广州：广东世界图书出版公司，2009.10（2024.2 重印）
（看图走天下丛书）
ISBN 978－7－5100－1048－4

Ⅰ. 走… Ⅱ. 看… Ⅲ. 文化遗址－世界－青少年读物
Ⅳ. K917－49

中国版本图书馆 CIP 数据核字（2009）第 169639 号

| | |
|---|---|
| 书　　　名 | 走进世界著名遗址 |
| | ZOUJIN SHIJIE ZHUMING YIZHI |
| 编　　　者 | 《看图走天下丛书》编委会 |
| 责任编辑 | 钟加萍 |
| 装帧设计 | 三棵树设计工作组 |
| 出版发行 | 世界图书出版有限公司　世界图书出版广东有限公司 |
| 地　　　址 | 广州市海珠区新港西路大江冲 25 号 |
| 邮　　　编 | 510300 |
| 电　　　话 | 020-84452179 |
| 网　　　址 | http://www.gdst.com.cn |
| 邮　　　箱 | wpc_gdst@163.com |
| 经　　　销 | 新华书店 |
| 印　　　刷 | 唐山富达印务有限公司 |
| 开　　　本 | 787mm×1092mm　1/16 |
| 印　　　张 | 10 |
| 字　　　数 | 120 千字 |
| 版　　　次 | 2009 年 10 月第 1 版　2024 年 2 月第 12 次印刷 |
| 国际书号 | ISBN　978-7-5100-1048-4 |
| 定　　　价 | 48.00 元 |

# 前　　言

　　人类历史历经千万年的演变，在地球上留下了太多的痕迹，我们对自己祖先的了解也完全凭着对这些痕迹的研究。无论是东方还是西方，人类从来没有停下前进的脚步，在地球的每一个角落都有其留下的足迹，祖先们所经过地方就是本书要呈现给读者的遗址。

　　遗迹是古代人类通过各种活动遗留下来的痕迹，包括遗址、墓葬、灰坑、岩画、窑藏及游牧民族所遗留下的活动痕迹等。其中遗址又可细分为城堡废墟、宫殿址、村址、居址、作坊址、寺庙址等，还包括当时的一些经济性的建筑遗存，如山地矿穴、采石坑、窑穴、仓库、水渠、水井、窑址等；防卫性的设施，如壕沟、栅栏、围墙、边塞烽燧、长城、界壕及屯戍遗存等。

　　一般地说，遗迹是经过人类有意识加工的，因而能够反映当时人类的活动。遗迹是考古学研究的重要内容之一。古代居址能够提供关于研究社会生产力发展和社会生活状况方面的完整的、重要的资料，据此可以阐明这一遗址当时人们生活的各个方面的特征和内容。发掘古代墓葬，可以研究不同种族的体质特征，了解古代埋葬风俗及墓葬形制。同时通过随葬品可以了解古代工艺水平及社会经济生活与意识形态等方面的情况。通过各种遗迹及遗物的综合研究，对于了解古代社会的发展史有很大帮助。

　　古埃及的大金字塔、大津巴布韦石头城、南美洲的玛雅文明、希腊壮观的古建筑、中国古老的众多的遗迹，都让我们感受到人类那不平凡的前进步伐。

　　全书汇总了世界各地各类遗址，让读者通过文字的阅读来品读历史，大量的图片可以更直观地了解这些先人的遗迹。

　　人类的历史与地球的历史紧密相连。地球的外观和地貌，就是人类生活的环境。地质遗迹是人类的共同遗产，保护好这些遗迹是人类的责任。正如人的生命只有一次一样，我们必须认识到地球只有一个，了解地质环境的过去、现在，正是为了预测未来，保护地质遗迹则是这种探索的基础，而建立地质公园是保护地质遗迹的最好方式。为了我们人类这个共同的家园，让我们了解它，珍惜它。

# 目　　录

# 周口店北京人遗址（中国）

　　周口店北京人遗址位于北京市房山区周口店龙骨山。因 20 世纪 20年代出土了较为完整的北京猿人化石而闻名于世，尤其是 1929 年发现了第一具北京人头盖骨化石，从而为北京人的存在提供了坚实的基础，成为古人类研究史上的里程碑。到目前为止，出土的人类化石包括 6 件头盖骨、15 件下颌骨、157 枚牙齿及大量骨骼碎块，代表约 40 个北京猿人个体，为研究人类早期的生物学演化及早期文化的发展提供了实物依据。

　　北京人遗址从 1929 年起，已编到第 25 地点，大多数地点在周口店附近。周口店最早发现的地点是第 6 地点，是瑞典科学家安特生于1918 年发现的。1921 年安特生、美国古生物学家格兰阶和奥地利古生物学家斯丹斯基，发现了周口店第 1 地点，同年发现了周口店第 2 地点。1927 年步达生将周口店发现的 3 枚人的牙齿正式命名为中国猿人北京种，这一年周口店遗址正式开始发掘，中国地质学家李捷参加发掘工作，并发现了周口店第 3 和第 4 地点，瑞典古生物学家步林也是新地点的发现者，1929 年裴文中发现了第 5、7、8 地点，找到了"北京人"第一个头盖骨。同年将已发现的地点，以"北京人"遗址为第 1 地点，其余的依序编号及至第 9 地点。在 20 号地点以前，包括山顶洞，或为裴文中领导下或为贾兰坡领导下发现的。第 20 至 24 地点是在贾兰坡领导下找到的。

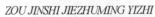

周口店遗址博物馆

　　根据对文化沉积物的研究，北京人生活在距今 70 万年至 20 万年之间。"北京人"文化早期从距今 70 多万年前到 40 多万年前，中期为距今 40 多万年前到 30 多万年前，晚期为距今 30 多万年前到 20 多万年前。北京人的平均脑量达 1088 毫升（现代人脑量为 1400 毫升）。据推算北京人身高为 156 厘米（男），150 厘米（女）。北京人属石器时代，加工石器的方法主要为锤击法，其次为砸击法，偶见砧击法。北京人还是最早使用火的古人类，并能捕猎大型动物。北京人的寿命较短，据统计，68.2％死于 14 岁前，超过 50 岁的不足 4.5％。

　　"北京人"化石从第 11 层至第 3 层均有发现，共出土骨头 6 具、头骨碎片 12 件、下颌骨 15 件、牙齿 157 枚、股骨 7 件、胫骨 1 件、肱骨

3件、锁骨和月骨各1件以及一些头骨和面骨破片。这些"北京人"遗骨分属40多个个体。但绝大多数人化石，在珍珠港事变前后，下落不明。现存的第1地点的人化石，保存在我国的有7枚牙齿、1段肱骨、胫骨1段、顶骨和枕骨各1件以及一具保存完好的下颌骨。1927年以前发现的3枚牙齿则在瑞典，由早期在周口店工作的步林保管着。

在周口店第1地点发现用火遗迹，把人类用火的历史提前了几十万年。包括5个灰烬层、两处保存很好的灰堆遗存，烧骨则见于有人类活动的各层。此外，还发现烧过的朴树子、烧石和烧土块，甚至个别石器有烤灼的痕迹。对用火遗迹的研究，可知"北京人"不仅懂得用火，而且有控制火和保存火种的能力。烧火的燃料主要是草本植物，也用树枝和鲜骨作薪。

石器是"北京人"文化的主要代表，"北京人"创造了3种不同的打片方法，主要用砸击法，生产出长20～30毫米的小石片，常见长度为20～40毫米。工具分2大类，第一类包括锤击石锤、砸击石锤和石钻，第二类有刮削器、尖状器、砍砸器、雕刻器、石锥和球形器。

七七事变后，周口店被日军占领，发掘人员被杀，裴文中和贾兰坡的办公室被捣毁，发掘工作终止。抗日战争时期，已发掘出的6个较完整的头盖骨存放于美国开办的北京协和医学院内。太平洋战争爆发前夕，中美双方计划将其转运美国，以防其落入日本手中。途中头盖骨失踪，至今下落不明。

中华人民共和国建立之后，又对周口店遗址进行了发掘。1953年在周口店北京人遗址附近建成了周口店遗址博物馆，对公众开放。

在龙骨山顶部于1930年发掘出生活于2万年前后的古人类化石，并命名为"山顶洞人"。1973年又发现介于二者年代之间的"新洞人"，表明北京人的延续和发展。

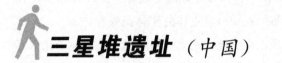

# 三星堆遗址（中国）

三星堆遗址属全国重点文物保护单位，是中国西南地区的青铜时代遗址，位于四川广汉南兴镇，因有三座突兀在成都平原上的黄土堆而得名。1980年起发掘。在遗址中发现城址1座，据初步推断，其建造年代最迟为商代早期。已知东城墙长1100米，南墙180米，西墙600米，为人工夯筑而成。清理出房屋基址、灰坑、墓葬、祭祀坑等。房基有圆形、方形、长方形3种，多为地面木构建筑。自1931年以后在这里曾多次发现祭祀坑，坑内大多埋放玉石器和青铜器。1986年发现的两座大型祭祀坑，出土有大量青铜器、玉石器、象牙、贝、陶器和金器等。金器中的金杖和金面罩制作精

三星堆出土文物

美。青铜器除罍、尊、盘、戈外，还有大小人头像、立人像、爬龙柱形器和铜鸟、铜鹿等。其中，青铜人头像形象夸张，极富地方特色；立人

像连座高 2.62 米，大眼直鼻，方颐大耳，戴冠，穿左衽长袍，佩脚镯，是难得的研究蜀人体质与服饰的资料。祭祀坑的年代约为商末周初，被认为是蜀人祭祀天地山川诸自然神只的遗迹。

三星堆遗址及其出土文物的许多重大学术问题，至今仍是难以破译的千古之谜。虽然专家学者对其中"七大千古之谜"争论不休，但终因无确凿证据而成为悬案。

第一谜，三星堆文化来自何方？目前有其来源与岷江上游新石器文化有关、与川东鄂西史前文化有关、与山东龙山文化有关等看法，即人们认为三星堆文化是土著文化与外来文化彼此融合的产物，是多种文化交互影响的结果。

第二谜，三星堆遗址居民的族属为何？目前有氐羌说、濮人说、巴人说、东夷说、越人说等不同看法。多数学者认为岷江上游石棺葬文化与三星堆关系密切，其主体居民可能是来自川西北及岷江上游的氐羌系。

第三谜，三星堆古蜀国的政权性质及宗教形态如何？三星堆古蜀国是一个附属于中原王朝的部落军事联盟，还是一个相对独立的已建立起统一王朝的早期国家？其宗教形态是自然崇拜、祖先崇拜还是神灵崇拜，或是兼而有之？

第四谜，三星堆青铜器群高超的青铜器冶炼技术及青铜文化是如何产生的？是蜀地独自产生发展起来的，还是受中原文化、荆楚文化或西亚、东南亚等外来文化影响的产物？

第五谜，三星堆古蜀国何以产生？持续多久？又何以突然消亡？

第六谜，出土上千件文物的两个坑属何年代及什么性质？年代争论有商代说、商末周初说、西周说、春秋战国说等，性质有祭祀坑、墓葬陪葬坑、器物坑等不同看法。

第七谜，晚期蜀文化的重大之谜"巴蜀图语"。三星堆出土的金杖等器物上的符号是文字？是族徽？是图画？还是某种宗教符号？可以说，如果解开"巴蜀图语"之谜，将极大促进三星堆之谜的破解。

# 元谋人遗址（中国）

元谋人是迄今所知中国境内年代最早的直立人。1965 年 5 月，中国地质科学院在云南省元谋县上那蚌村附近发现，这里地处元谋盆地边缘，盆地内出露一套厚达 695 米的河湖相沉积，从下到上分为 4 段 28 层。元谋人牙发现于第 4 段第 22 层中。此后，又在同一地点的同一层位中，发掘出少量石制品、大量的炭屑和哺乳动物化石。元谋人的地质时代属于中更新世到晚更新世时期，据古地磁断代，年代为距今 170 万年。

170 万年以前，云南元谋一带，榛莽丛生，森森郁郁，是一片亚热带的草原和森林，爪蹄兽、最后枝角鹿等第 3 纪残存动物在这里出没。再晚一些，则有桑氏鬣狗、云南马、山西轴鹿等早更新世的动物。它们大多数都是食草类野兽。为了生存，元谋人使用石器捕猎它们。会不会制造工具是人类与动物的根本区别。

元谋人遗址

元谋人化石包括 2 枚上内侧门齿，一左一右，属于同一成年人个体。齿冠保存完整，齿根末梢残缺，表面有碎小裂纹，裂纹中填有褐色黏土。这两枚牙齿很粗壮，唇面比较平坦，舌面的模式非常复杂，具有明显的原始性质。根据学者们研究判断，元谋人牙齿的特征，近似于现代蒙古人种。

先后出土的石制品共 7 件，人工痕迹清楚。原料为脉石英，器形不大，有石核和刮削器。它们和人牙虽不居于同一水平面上，但层位大致相同，距离又不远，应是元谋人制作和使用的。发现的炭屑多掺杂在黏土和粉砂质黏土中，少量在砾石凸镜体里。炭屑大致分为 3 层，每层间距 30～50 厘米。炭屑常常和哺乳动物化石伴生。最大的炭屑直径可达 15 毫米，小的为 1 毫米左右。在 4 厘米×3 厘米的平面上，1 毫米以上的炭屑达 16 粒之多。此外还发现 2 块黑色的骨头，经鉴定可能是被烧过的。研究者认为，这些是当时人类用火的痕迹。这一发现，和在距今约 180 万年前的西侯度文化中发现的烧骨，如确系人工用火证据，则把人类用火的历史大大提前。

与元谋人共生的哺乳动物化石，有泥河湾剑齿虎、桑氏缟鬣狗、云南马、爪蹄兽、中国犀、山西轴鹿等 29 种，绝种动物几乎占 100%，其中上新世和早更新世的占 38.8%，这表明元谋人的生存时代不会晚于早更新世。有人根据动物化石及植物孢粉分析，认为当时的自然环境呈森林草原景观，气候比现在凉爽。

# 殷　墟（中国）

　　殷墟位于今河南安阳小屯村及其周围。商代从盘庚到帝辛（纣），在此建都达 273 年，是中国历史上可以肯定确切位置的最早的都城。1899 年在此发现占卜用的甲骨刻辞。从 1928 年 10 月 13 日考古发掘至今，先后发现宫殿、作坊、陵墓等遗迹及大量生产工具、生活用具、礼乐器和甲骨等遗物，总面积 24 平方公里以上。

　　殷墟是中国商代晚期的都城遗址，横跨安阳洹河南北两岸，现存有宫殿宗庙区、王陵区和众多族邑聚落遗址、家族墓地群、甲骨窖穴、铸铜遗址、制玉作坊、制骨作坊等众多遗迹，是中国历史上第一个有文献可考并为甲骨文和考古发掘所证实的古代都城遗址，距今已有 3300 年的历史。

　　殷墟发现的甲骨窖穴主要分布在殷墟宫殿宗庙遗址。自 19 世纪末甲骨文发现以来，这里共出土甲骨约 15000 片，震惊了世界。最著名的有 YH127 甲骨窖穴、小屯南地甲骨窖穴、花园庄东地 H3 甲骨窖穴，其中，YH127 甲骨窖穴发现于 1936 年，位于宫殿宗庙遗址中部偏西，共出土刻辞甲骨 17000 余片。小屯南地甲骨窖穴发现于 1973 年，位于小屯村南部，共出土刻辞甲骨 5000 余片。花园庄东地 H3 甲骨窖穴发现于 1991 年，位于宫殿宗庙遗址东南部，共出土甲骨 1583 片，其中刻辞甲骨 500 余片。这些甲骨的内容极为丰富，包括祭祀、畋猎、农业、天文、军事等，涉及商代社会生活的方方面面，为甲骨文和商代历史研

殷墟一角

究提供了极其宝贵的资料，被称为中国古代乃至人类最早的"档案库"。

　　殷墟王陵遗址与宫殿宗庙遗址隔河相对，是商王的陵地和祭祀场所，也是中国目前已知最早的完整的王陵墓葬群，面积达 11.3 公顷。王陵遗址共发现有 12 座王陵大墓和 2500 多座祭祀坑。王陵大墓多为"亚"、"中"、"甲"字形大墓，这些大墓墓室宏大，形制壮阔。面积最大的达 1803 平方米，深达 15 米。墓内椁室、棺木极尽奢华，随葬器物精美，殉人众多，显示出墓主人非凡的尊贵和威严。殷墟王陵的埋葬制度、分布格局、随葬方式、祭祀礼仪等，集中反映了商代晚期的社会组织、阶级状况、等级制度、亲属关系，代表了中国古代早期王陵建设的最高水平，并为以后中国历代王朝所效仿，逐渐形成中国独具特色的陵寝制度。

说起殷墟的价值，中国社会科学院考古研究所所长刘庆柱说，作为文化遗产，有一个重要的特点，就是时代越久，历史价值越高。在国际上被承认的、没有争议的中国最早的文明就是商代。殷墟不是一座简单的建筑物，它是一座都城，是一个国家的政治中心、经济中心、军事中心和文化礼仪中心。它是一个王国的缩影，是其他任何遗产没办法比的。

　　这就是殷墟之于中华文明乃至人类文明的独特贡献和独特地位。

# 偃师二里头遗址（中国）

河南省偃师市二里头村位于伊、洛二水之间，距离洛阳市约 18 公里，东西长约 2.5 公里，南北宽约 1.5 公里，是夏代都城遗址。1959 年夏，中国科学院考古研究所开始了对"夏墟"的考古调查，偃师二里头从此进入学者的视线，中国考古学界由此开始有目的、有计划地探索夏文化。

这里出土了大量石器、陶器、玉器等，其中小件铜器如刀、爵、铃等，是我国迄今所见最早的青铜器。第三期文化层中发现两处大型宫殿夯土台基。其中西边一处面积约 1 万平方米，在台基中北部有一座面阔 8 间、进深 3 间的宫殿基址，四周环以廊庑。在遗址东南部还发现大面积铸铜、制陶作坊遗址。该处现已被列为全国重点文物保护单位。

考古学家在中国最早的都城遗址——河南偃师二里头发现了始建于二里头文化

**偃师二里头遗址**

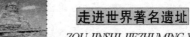
晚期偏晚阶段的大型建筑基址，这使得夏商周断代工程结束后的考古界出现了新的兴奋点。

夏朝的建立者禹在建立政权以后，为便于政治统治，将天下分为九州，洛阳就是当时的豫州。禹将都城定在阳城（今河南登封），与洛阳相距不过百里，所以洛阳也属于夏朝统治的中心。在夏朝的第三个帝王太康（启的儿子）统治时期将都城迁到了洛阳。关于这一点史书里记载"太康居斟寻，羿亦居之，桀又居之"。斟寻，据历史学家考证，就在今洛阳市偃师的二里头村附近。

然而几千年过去了，斟寻故城早已埋入地下，成为人们难以寻觅的历史遗迹，我们根据史书记载的地理方位，判断夏代的斟寻就在我们洛阳。由于长期以来缺乏考古资料的证明，不少人对此表示怀疑，直到1959年中国社会科学院专家徐旭率队来豫西作夏墟调查时，在洛阳市偃师县城区西南9公里处的二里头村南高地上发现了沉睡几千年的夏都斟寻，这一点才成为不争的事实。研究表明，洛阳在夏代太康、孔甲、帝皋、夏桀四个帝王统治时期曾是都城，为夏代政治、军事、经济、文化的中心。

二里头遗址包括偃师二里头、圪挡头和四角楼三个自然村，总面积400万平方米，堆积着四期文化层。经考古发现，二里头文化遗址规模宏大，设施完备，内容丰富。宫殿、陵寝、房屋、道路、水井多有发现，并且还发现了当时的铸铜遗址和原始的青铜工具，其中有武器和酒器，说明我国青铜文化的历史在夏代已经相当成熟，同时也说明洛阳是我国最早进入青铜时代的地区。二里头晚期的文化层还出土了大量的玉制品，有琮、圭、璋等礼器，陶制品则更多，有陶塑的龟、猪、羊头以及陶器上刻画的一头二身龙蛇纹、龟纹和人物形象。这些考古发现反映了夏代文化艺术的发展，同时也反映了古代洛阳人民的聪明智慧。

另外，考古工作者从二里头遗址的灰坑中发现了许多埋葬的奴隶，其形状各异，有仰身，有俯身，有的被捆缚，有的身首异处。他们或因苦役而累死，或因奴隶主的酷刑而丧生，或因当时奴隶制时代的人祭、人牲制度而被活埋殉葬，反映了当时奴隶主统治的残忍。

中国夏商周三代考古工作者对二里头遗址进行了持续不断的发掘，发现了大型宫殿基址、大型青铜冶铸作坊、制陶、制骨遗址，与宗教祭祀有关的建筑以及 400 余座墓葬，出土了成组的青铜礼器和玉器，证明了二里头是中国最早的都城遗址。

20 世纪 80 年代以来，考古工作者还在更广泛的区域内发现了众多二里头文化遗址，迄今为止已有 300 余处。前不久结束的"夏商周断代工程"有力推动了夏文化问题的研究，偃师商城的始建被确认为是夏、商王朝更替的界标，二里头遗址应为夏王朝的一处都邑、二里头文化的主体为夏人遗址的观点逐渐为大多数学者所接受。

二里头工作队自 2001 年起，对二里头遗址宫殿区进行系统钻探与重点发掘，发现并清理大型建筑基址数座。同时，对宫殿区及其附近的道路进行了追探，在宫殿区外围，发现了纵横交错的大路。2003 年春季，对已发现的道路进行了解剖发掘，并发现了宫城城墙。截至 2004 年春季，基本弄清了宫城城墙及宫殿区外侧道路的范围、结构和年代。2004 年，又在宫城以南发现了另一堵始建于二里头文化第 4 期的大型夯土墙以及绿松石器制造作坊等重要遗存。

殷墟曾震惊世界，二里头也将引领中国古代文明研究走向新的辉煌。

# 甑皮岩古人类遗址（中国）

甑皮岩古人类遗址位于广西壮族自治区桂林市区南面独山西南麓，是目前中国发现人类居住时间跨度最长的新石器时代洞穴遗址。最早在距今约 12000 年前就开始有古人类在此居住，直至宋代仍有人在此生活。在 1 万多年的漫长岁月中，桂林先民在这不到 400 平方米的洞穴里留下了丰厚的文化堆积。

经过 1973 年及 2001 年两次的科学发掘，出土了大量的石器、陶器（片）、骨器、石丰骨、角器等生产生活用具及 30 多具人骨和成千上万件动物骨骼。甑皮岩遗址是目前中国出土文物最丰富的新石器时代洞穴遗址。其中，素面夹砂原始陶器和屈肢蹲葬的发现最令中外史前考古界瞩目。2001 年，甑皮岩遗址被国务院公布为全国重点文物保护单位，是目前岭南地区保护级别最高的新石器时代洞穴遗址。

甑皮岩遗址被发掘 30 多年来，出土了大量文物，其丰富的文化内涵举世称奇，里面有太多太多令人浮想联翩的悬疑。

桂林是否是中国陶器的发源地？在对甑皮岩进行发掘中，一个重大发现令世人震惊：距今 12000 年、烧制温度不超过 250℃ 的素面夹砂陶器。据权威考古专家考证，这是中国目前发现的最原始的陶器。而在甑皮岩遗址第 5 期文化层更出现了式样繁多的刻画纹、戳印纹、水波纹、曲折纹等纹饰，器形主要包括罐、釜、钵、圈足盘、豆等陶器，这些可以说代表了桂林距今 7000 年以前史前时期制陶技术的最高水平。

甑皮岩遗址一角

　　考古发现，甑皮岩遗址既是史前人类的居住地，也是墓葬地。专家介绍，遗址内共发现了 29 座形状为不太规则的圆形竖穴土坑墓，墓葬形式是世界上极为少见的屈肢蹲葬，桂林甑皮岩成为目前中国发现屈肢蹲葬最多的新石器时代洞穴遗址。甑皮岩人为何要屈肢蹲葬？有人进行过推测，即将濒临死亡的原始人类采取坐靠形式迎接死亡，这难道是俚语"坐着等死"的起源？

　　甑皮岩人怎么吃东西？近日，中国考古专家对两个桂林甑皮岩人进行头像复原。专家介绍说，从选取复原的头颅来看，两个头颅都表现出下颌咬肌粗隆极不发达的特点。一般来说，人类用臼齿进行咀嚼食物，下颌咬肌会比较发达。这让考古专家感到不解：甑皮岩人不发达的下颌咬肌粗隆，像这样的头骨特征，桂林甑皮岩人怎么吃东西？

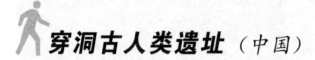

# 穿洞古人类遗址（中国）

穿洞古人类遗址是旧石器时代晚期遗址，位于贵州省安顺市以北26公里的普定县城郊，是我国继北京周口店遗址之后一次极其重要的发现。该遗址经国家考古队两次发掘，出土人类完整头骨2件，哺乳动物碎骨18000件，单个牙齿500多枚，动物化石13个属或种。出土石制器物20000余件，骨器1000余件，以骨锥最多，另有骨铲、骨针、骨棒等。此外，发现用火遗迹多处，为研究中国西南原始社会提供了丰富的实物资料。穿洞古人类遗址一处发现2具头骨至今国内无先例，出土的骨器，超过全国发现总和30倍，一举摘掉我国旧石器文化中贫骨器的帽子，成为全国第一，世界罕见。穿洞古人类遗址具有极其重要的考古研究价值，被中科院专家们誉为"亚洲文明之灯"，现拟建"穿洞古人类遗址博物馆"，是全国重点文物保护单位。

迄今为止已发现的早、中、晚三个时期的旧石器时代遗址有50处，已正式发掘20多处，主要有桐梓岩灰洞遗址、水城硝灰洞遗址、兴义猫猫洞遗址、普定穿洞遗址、六枝桃花洞遗址。在发掘的遗址中，不仅出土了打制石器、骨器、哺乳动物化石，而且还发现了一批人类牙齿、颌骨、股骨、头骨等化石，分别被命名为"桐梓猿人"、"水城人"、"兴义人"、"穿洞人"。1982～1992年考古工作者在桐梓盘县大洞旧石器文化遗址是在中国南方新发现的古人类遗址，被列为1993年全国十大考古成果之首。其次是商周至秦汉时期的考古。主要发掘的有普定铜鼓山

穿洞古人类遗址公园

遗址、赫章可乐墓群、安顺宁谷墓群、兴义万屯汉墓群、兴义交乐汉墓群、仁怀合马东汉墓群。普定铜鼓山遗址出土的冶铜坩埚和一批石范石模，为研究贵州冶铸发展史提供了战国至秦汉之际的实物依据。此外，在贵州还发现了许多墓葬方式不同的少数民族墓葬。

# 卡若遗址（中国）

卡若遗址位于西藏自治区昌都县城东南约 12 公里的卡若村。东靠澜沧江，南临卡若水，海拔 3100 米。鉴于它西距昌都县加卡区的卡若村仅 400 米，即用"卡若"命名。"卡若"，藏语意为"城堡"，指此地山形险要。

卡若遗址是西藏首次发掘出来规模较大的一处新石器时代的遗址，

卡若遗址

占地面积约 1 万平方米，文物种类繁多，古文化堆积层丰富，被考古界和古人类学研究者公认为西藏的三大原始文化遗址之一。

此遗址于 1977 年由昌都水泥厂工人在施工中发现。1978 年，西藏自治区文管会进行了首次试掘。1979 年 5 月至 8 月，自治区文管会邀请国家考古研究所、四川大学历史系、云南省博物馆的同志联合组成了卡若遗址考古队，进行了正式发掘。迄今为止，共揭露遗址面积 1800 平方米左右，发现房屋遗迹 31 座，石墙 3 段，圆石台 2 座，石围圈 3 座，灰坑 4 处。出土文物数万件，包括石器 7978 件，骨器 368 件，陶片 200 多块（其中可复原者 46 件），装饰品 50 件等。卡若遗址已正式列入西藏自治区区级重点文物保护单位。

卡若遗址的时代，应属 4000～5000 年前的新石器时期。在这个时期里，人类物质文化的主要特征是学会了磨制石器，发明陶器，开始了各种植物的种植和动物饲养。卡若遗址出土的东西基本具备这些特点。

卡若遗址的地层堆积，主要为昌都红土层，底部泥质较多，以杂色页岩为主。上部为红色砂岩，红层中因断屑和褶皱关系，有时显露出三叠纪及保罗纪地层。卡若遗址的全新地层堆积分为南北两部分：南部厚 2 米，有二期文化堆积；北部厚 2.5 米，有三期文化堆积。

遗址中出土的石器有打制石器也有磨光石器，种类也较多。既有铲类、锄类、切割器、投掷器、尖状器、砍砸器、敲砸器、刮削器、碎磨器、石砧等，还有石镞、石矛等细石器，有的石器，特别是磨光石器有的采用玉石制作，打磨得极为精细。

出土的骨器有骨钻、骨针等。各种各样的骨针，制作得非常精细，这说明当时生产和工具制作的技能都已到了相当高的水准。还有烧制的各种花纹的陶器，其中以一种双体陶罐最为突出。出土的装饰品中，有用玉、石、骨等制作的环、珠、镯等，说明卡若遗址的主人已经产生了美的观念，知道打扮自己了。遗址中出土的玉器和海贝是卡若居民与各个地区的民族相互交换而来的，这说明尽管西藏和其他地区之间有高山大河的阻隔，但并不能断绝本地居民和其他民族的正常交往。

卡若遗址的房屋建筑。据初步分析，大体可分为2种类型。第一类是木结构的草泥墙建筑。以草拌泥筑墙可以增强坚固性能，使其不开裂缝。居住面用土垫平，然后夯实或烘烤，使其坚固耐用，房屋中央有用石头砌成的炉灶。室内和房子四周较均匀地分布有柱洞。第二类为半地穴式的卵石墙建筑，居住面规整而坚硬。墙壁用石块靠穴壁垒砌，黄泥抹缝，多为方形，从村落布局看，当时人们居住的区域已有一定规律。房屋遗迹像是打破了叠压关系，比较复杂，可以分为3期遗存，至少延续了500年左右。原始村落布局除房屋外，还发现有石铺路、石墙建筑、窖穴等，说明居住者在努力改善居住条件。

卡若遗址还出土了大量的粟粒和谷灰，这说明早在4000多年前，西藏就有了原始的种植业。同时已经知道选择适应性能良好、抗逆性很强的粟来种植。据考古学家发现，粟这种粮食作物在我国种植已有7000年以上的历史。这里出土的粟粒和谷灰同西安半坡遗址窖穴中的粟粒和谷灰情形基本一致。看来，卡若遗址的先民当时是以农业为其生活的主要来源，狩猎和采集则是不可缺少的辅助手段。

卡若遗址的文化遗存面积大，保存情况好，文化堆积厚，内涵丰富，地方性强，是西藏地区正式发掘的第一处遗址，也是西藏高原新石器时代具有代表性的文化遗存。发掘初步认为：卡若遗址是新石器时代人们居住的原始村落，村落布局有一定规模。卡若遗址位于澜沧江畔，为川、滇、藏三地的枢纽，又是古代南北民族的交通要道之一。对于这一地区的深入研究，可以帮助了解古代西南民族的迁徙、分布的某些环节。

该遗址的发掘出土，在西藏的历史和考古上具有划时代的意义。它将西藏的历史提前到了距今约5000年以前。早在四五千年以前，中华民族的先民就曾在这块土地上劳动生息，大量的出土文物证明，早在四五千年以前，卡若遗址文化就与黄河上游甘、青地区的古文化以及云南境内的元谋文化有着千丝万缕的联系。

# 曲贡文化遗址（中国）

曲贡，在藏语里是"水塘"之意，"曲"就是水，"贡"则是堰塘。曲贡村因早先有个大水塘而得名，现在水塘早已消失，但村名依旧。曲贡文化遗址就位于西藏拉萨市北郊，曲贡村一处河谷的边缘地带，海拔3690米，比拉萨高出20多米，比昌都的卡若遗址高出500多米。

曲贡文化遗址年代下限为公元前1500年上下，上限为不晚于公元前1750年，年代跨度在距今3500～3750年。当然这个上限还不是实际上的最早年代，估计还可以上推到距今4000年前。这是在卡若遗址之后西藏境内的第二个经过科学调查和试掘的新石器时期的文化遗址，其年代比卡若遗址略晚。

曲贡文化遗址分布在曲贡村和军区总医院北面的山坡下端，坡上是裸露的山崖，坡下是拉萨河谷地。这个古老的村庄东西约150米，南北约30米，总面积超过10000平方米，是迄今在西藏发现的海拔最高、年代最早、面积较大、文化层堆积较厚、文化内涵极其丰富、多种文化并存的遗址之一，被誉为拉萨的"半坡"。

曲贡文化遗址和石室墓墓地最早发现于1984年11月，西藏自治区文物管理委员会文物普查队的更堆等人在拉萨北郊娘热山沟曲贡村的一次文物调查中发现了散布在地表的一些文化遗物，发现了曲贡文化遗址。当时采集到不少陶片和打制石器，而且进行了小规模的试掘，找到了文化堆积层。《拉萨曲贡遗址调查试掘简报》发表在1985年第9期的

《文物》上，从而使这个发现受到关注。

因为曲贡文化遗址已遭严重破坏，试掘的面积也很小，所以未能在遗址中发现房屋。但是1991年，考古学家在一处因取土而破坏的地面发现了一处居住遗迹。这是一个方形建筑基址，有石块砌成的壁画，居住面上散落着大量的木炭与草木灰。从中发现的编号为ZK－2334的木炭标本经碳－14测定，年代测定为距今3115年。

曲贡文化遗址有早期石板墓3座、灰坑22个、祭祀遗迹2处、祭祀石台6座和4具完整的人体骨架，祭台平面呈不规则的椭圆形，由大小不一的砾石块砌成基本水平的台面，其长径在1米左右，一般都建在主

曲贡文化遗址

墓东北方向1～3米处。而在曲贡文化遗址的晚期文化遗存的西北方向约300米处，发现一处石室墓墓地，总面积为6500平方米，发掘出土坑石块堆垒成壁，墓葬中有石椁，葬式主要是二次葬和屈肢葬。经测定，曲贡土坑石室墓的年代当在公元前8世纪前后，最晚不会晚于公元初年。

根据人类学家的研究，现代藏族中至少存在可以辨识的两个基本的人类类型，概括称为长颅型和短颅型，前者分布于西藏东部，后者主要分布于西藏南部。东部类型形体高大，我们熟知的康巴人就是典型的代表。曲贡文化遗址的墓葬内出土的一具人的完整头颅骨，人类学家鉴定认为属中长颅型，头骨指数接近于藏族B型（卡姆型），与现代西藏东

部的居民体质特征相近。可以确定曲贡人是拉萨河谷地带的土著居民，他们创造的文化为高原腹地的古代土著文化。

曲贡先民的手工业极为发达，从发掘出土的器物可见一斑。出土的石器有石刀、石斧、石钵、石铲、石磨等；骨器也有很多，以骨锥、骨针、骨簇为主，有一枚骨针，针尖开小孔为针鼻，类似近代的缝纫机上的针；装饰品主要有骨笄、陶耳坠、陶制手镯和石制手镯等，多是用于头部的饰物。遗址中出土了大量陶片，陶器均为手制，陶色以灰色为主，其次为表面磨光的黑色或红褐色陶，纹饰非常丰富，以刻画纹为主，也有锥刺纹、锯齿纹、弦纹等。

曲贡文化遗址经过 1990 年、1991 年、1992 年连续 3 年的 3 次发掘取得了重大收获，先后进藏参与这项工作的有 10 多人。发掘分 2 个区域进行，对遗址保存较好部分全都进行了发掘。遗址区编为 I 区，布 5 米×5 米探方 23.5 个，发掘面积为 587.5 平方米；石室墓墓地编为 II 区，布 10 米×10 米探方 26 个，发掘面积为 2600 平方米。两区合计，发掘总面积为 3187.5 平方米。I 区清理早期墓葬 3 座，灰坑 22 座，晚期石室墓 12 座。II 区清理晚期石室墓 17 座，祭祀遗迹 2 处，祭祀石台 6 座。遗址和墓地出土文化遗物 1 万余件，数量最多的是石器，其次是陶器、骨器，还有铜器以及大量动物骨骼。

1999 年由中国大百科全书出版社出版了中国社会科学院考古研究所、西藏自治区文物局编著的《拉萨曲贡》考古报告，对曲贡文化遗址进行了较为全面的分析、总结与研究。1991 年，曲贡文化遗址被评为全国十大考古发现之一。

由于曲贡文化遗址的年代位于原始社会和奴隶制社会的过渡时期，所以该遗址的发掘，对研究西藏早期历史和丰富完善西藏原始文化序列具有重要意义，证明西藏高原的远古先民已创造了堪与中原新石器文化相媲美的西藏古文化。曲贡文化遗址的发现、发掘，对于进一步认识西藏本土的远古文明的特征、内涵等方面提供了很重要的参照标尺。

# 黄河流域文化遗址 （中国）

黄河一直都被中国人奉为中华文明的发源地。在黄河流域发现了大量的古文化遗址，主要是仰韶文化（彩陶文化）和龙山文化（黑陶文化）等。

### （一）半坡文化

已进入新石器时代（1万年～2000年）的半坡文化是仰韶文化的早期，当时正处于母系氏族社会。新石器时代区别于旧石器时代（250万～1万年）主要有以下三点：

半坡出土文物

1. 由打制石器转向磨制石器；

2. 由采集、狩猎转向种植、畜牧；

3. 陶器的出现。

进入新石器时代，生产力大大提高，人类由食物的采集者变为了食物的生产者。采集、狩猎是一种居无定所的流浪生活，而种植、畜牧则是一种定居生活，因此古村落也就此诞生。

半坡村位于西安附近，从该村发掘出一个距今有五六千年的古村落遗址，这是黄河流域很重要的一个文化遗址，1952年被发现。遗址有5万平方米，分居住区、制陶作坊区和墓葬区。

居住区发现有40多座房子，有半地穴建筑和地面建筑，形状有圆形、方形和长方形。房子有柱子支撑，墙壁是泥墙，墙面用草拌泥涂抹。房子大小有十几、几十平方米，也有上百平方米的。

制陶作场区发现的窑址有6座，有竖穴式和横穴式两种，其空间较小，直径只有1米左右。

墓葬区有小孩墓和成人墓，多以瓮、盆、钵等为葬具，葬具上还留有小孔。另外还发现1具木板葬具，这是唯一的一个木制葬具，不过这一形式一直被沿用至今。埋葬方式多为单人仰身和直肢，也有少量的俯身、屈肢和二次葬。

发现的生产工具和生活用具有1万多件。生产工具有石器和骨器，石器有石斧、石铲、石刀、磨盘、磨棒、刮削器、敲砸器等，骨器有骨锥、骨针、骨刀、骨钩、骨叉等。

生活用具是陶器，陶器有夹砂和泥质2类，器形有钵、盆、碗、罐、甑、瓶等多种。彩陶上黑彩多、红彩少，纹饰有象征性图案（如人面、鱼、鹿、蛙）和几何图案（如三角、方格）。其中人面鱼纹是彩陶上最典型的纹饰。这里的彩陶还刚萌芽，到仰韶文化中彩陶的制作工艺才成熟。

在陶器上还发现有刻画符号，这可能是我国最早的文字渊源之一。在中国境内，人类最早把类似文字的符号刻画在陶器上，等后来刻画到甲骨上的时候，符号就成为文字，我们称之为"甲骨文"。

**（二）老官台文化（大地湾文化）、裴李岗文化、磁山文化和贾湖文化**

老官台文化遗址 1955 年发现于陕西华县，1959 年进行发掘。后来在甘肃泰安大地湾也发现同类型文化，所以老官台文化也称大地湾文化。老官台文化主要分布于黄河的支流渭河流域。

老官台文化处于新石器时代早期，距今 8000 多年，以磨制石器为主，但仍有少量的打制石器和细石器。打制石器是旧石器时代的主要标志，而磨制石器则标志着新石器时代的到来。

生活于此的原始居民种植粟类作物，还养猪养狗，生产工具有石凿、骨铲、角锥等。住房为圆形的半地穴式建筑，坟墓是长方形的土坑，有陶器作为陪葬品。

当时的制陶工业还很原始，烧制温度低，器物种类也少，彩陶工艺还处于萌芽状态。出土的文物以陶器为主，出土的 27 件陶器类型有夹砂粗红陶和细泥红陶、细泥黑陶和细泥白陶，纹饰有绳纹、斜线纹、附加锥纹、锥刺纹和刻槽纹等，器形有三足罐、三足钵、杯、小口平底鼓腹瓮等，彩陶只有沿外有红宽带纹的三足钵。

在大地湾古文化遗址发现有 200 多件彩陶，多以三足钵为主。最引人注目的还是陶器上的那 10 多种符号，它们比半坡文化遗址中发现的刻画符号要早 1000 多年，这也可能是最早的文字原形。

在该遗址之中还发现一座类似宫殿的建筑，该建筑的地面与现在的混凝土地面很相似。

与老官台文化和大地湾文化同一时期的还有裴李岗文化、磁山文化和贾湖文化，它们都是新石器时代的代表。

裴李岗文化遗址于 1977 年在河南新郑被发现，该遗址中的建筑、墓地和陶器都与老官台文化十分相似，距今也有 8000 多年。磨制石器多于打制石器，有带足磨盘、磨棒、带齿石镰、双弧刃石铲等，骨器有骨箭、骨针等，另外还有木制的弓。陶器以泥制红陶和夹砂红陶为主，器形有碗、钵、鼎、壶、杯、罐、瓮、勺、甑、盆等，其中以三足鼎和双耳壶最具代表性。另外，也有陶制纺轮。该遗址的陶器上也有契刻符号，也是一种原始的文字。

磁山文化于 1972 年在河北武安被发现，它稍晚于裴李岗文化，距今 7000 多年，其建筑、石器和陶器等均与裴李岗文化之中的相似。其陶器开始向彩陶过渡。遗址中还发现有农作物粟、胡桃和家禽鸡等。

贾湖文化遗址在河南舞阳，距今 8000 多年，也属于裴李岗文化类型。遗址中发现有契刻符号的龟甲，它比殷墟甲骨文要早 4000 多年，比古埃及的纸草文字也要早 1000 多年。另外还发现骨笛和酒器，这对音乐和酒文化的研究具有重大意义。

### （三）仰韶文化和龙山文化

处于新石器时代晚期的仰韶文化也称彩陶文化，彩陶在窑中烧造，但还没使用陶轮，其表面有或红或黑的几何图案，器物大小不一，形状差别很大，这种技术可能是从西北的甘肃一带传入的。

仰韶文化遍布西北地区的新疆、甘肃、青海、陕西等区省，还覆盖了华北和中原地区。仰韶文化有多种类型，有河南渑池县半坡类型（仰韶文化早期）、河南陕县庙底沟类型、河南安阳县后冈类型和大司空村类型以及大河村类型等（仰韶文化中、晚期）。庙底沟类型的彩陶颜色黑多红少，没有半坡类型的圆底钵。后冈类型、大司空类型的彩陶以灰陶为主，纹饰多为红色。大河村类型的彩陶多为白陶。据推测，仰韶文化很有可能就是黄帝族文化。

仰韶文化从 5000 年前一直持续到 2500 年前后，然后与新石器时代晚期的其他文化融合，形成了后来的夏商文化。长江流域的古文化起源可能比黄河流域的还要早，但后来都中断消失了。而传承有序的黄河流域文化从未中断，从仰韶文化、龙山文化到夏商周文化再到如今。

仰韶村处于河南省渑池县，从该地的古遗址上发现了许多器物。器物有石器、骨器、陶器。石器有刀、斧、杵、镞、石纺轮等。骨器有骨针。陶器有钵、鼎和粗陶、彩陶。

仰韶文化遗址有大量石斧、骨锄的发现，表明当时农业的发达。另外还在墓室中发现一陶罐里盛放了粟，说明粟是当时的主要农作物。

骨锥、骨针和古轮的出现，说明当时的原始居民掌握了初步的缝纫和纺织技术。发现许多猪、牛、马的骨头，说明当时已有了畜牧业。石镞、骨镞的出现，表明当时弓箭已被普遍使用，同时还表明当时已由狩猎生活向原始畜牧业和农业过渡。

在甘肃各遗址的墓葬中，还发现许多磨制的玉片、玉瑗、海贝等，这说明当时可能有了最原始的交换关系。新疆盛产玉，所以玉可能是从新疆来的。但甘肃远离大海，海贝是怎么传递过去的，值得探究。

近期在河南灵宝市西坡村发现了一个属于仰韶文化的遗址，在该遗址中发现了一座宫殿，据推测，它很有可能就是黄帝的宫殿。考古人员还在其周围发现了一座可以居住20多万人口的都城，它应该是当时部落联盟的聚居地。

龙山文化的遗址位于山东省章丘县龙山镇，1928年被发现。龙山文化也称黑陶文化，黑陶制品质地精细，造型优美，用陶轮加工并在窑中高温（1000℃）烧造。这种高温技术的掌握，为青铜时代的到来做好了准备。龙山文化主要分陕西、河南和山东三大类型。

晚期的龙山文化遗址还出现了青铜器，它表明龙山文化开始向青铜文化（夏商文化）过渡。这一时期的精致陶器也与商代的陶器十分相似。

1931年在河南安阳市一个名叫后冈的地方，发现一个古文化遗址，成"三叠层"形式。它的上层是白陶文化小屯文化，中层是黑陶文化即龙山文化，下层是彩陶文化即仰韶文化。有人认为这里面的彩陶文化即炎帝族文化，黑陶文化即夏文化，白陶文化即商文化。

无论是彩陶文化，还是黑陶文化，都应该是发源于中国本土，与两河流域（幼发拉底河和底格里斯河）文明、印度文明之中的陶瓷没发现有什么继承关系。

### （四）北辛文化、大汶口文化、马家窑文化和辛店文化

北辛文化遗址位于山东滕州境内，与龙山文化隔河相望。它属于新石器中期，是大汶口文化的源头。它稍晚于裴李岗文化，其石器、陶器等与裴李岗发现的类似。

大汶口文化处于新石器时代的中、晚期，它早期的陶器、石器和建筑与裴李岗文化类似。它晚期陶器上的图像刻画符号不同于仰韶文化中的几何刻画符号，它们很有可能就是甲骨文的鼻祖。

马家窑文化是仰韶文化向西发展的继续，1923 年在甘肃临兆被发现。它的彩陶很发达，继承了仰韶文化中庙底沟类型的风格。它早期的彩陶以黑彩为主，中期出现有黑、红相间花纹，晚期多是黑、红二彩并用。在遗址之中还发现一把青铜刀，它标志着石器文化向青铜文化过渡，是一个金石并用的时代。

与马家窑同时期、同地点是辛店文化，距今 3000 多年。它的彩陶很多，器形以罐为主。从辛店文化的基本特征上看，已基本上进入到了青铜文化。

# 磁山文化遗址（中国）

　　磁山文化遗址位于河北武安市西南 20 公里磁山村东南台地上，占地近 14 万平方米，北依北鼓山，南临河水。是 1972 年发现的一种新的新石器时代文化遗存，突破了新石器时代仰韶文化的考古年代。

　　该遗址于 1972 年兴修水利时发现，1976 年开始发掘，至今挖掘出

磁山文化遗址公园

的面积达 6000 平方米，主要发现有房基、粮窖 400 多个，出土各种文物、器具 5000 余件，有石器、陶器、骨器和粟的碳化物，野生动物及家禽骨骼标本等。这些文物证明，早在 7300 多年前，先民们已经居于半地穴式的房子之中，过着以原始农业为主的定居生活。

据专家考证，磁山文化遗址出土的文物中，有 3 项"世界之最"：一是粟的发现，证明我国黄河流域是世界上由人工培植粟类最早的地区；二是家鸡骨的发现，证明我国是世界上最早饲养家鸡的国家；三是出土的炭化核桃，纠正了核桃是汉代张骞通西域时传入中国的说法，将中国产核桃的记载上推了 5000 多年。

磁山遗址的陶器以夹砂红陶为主，火候较低，质地粗糙，器表多素面。陶器多采用泥条盘筑法，器形不规整。陶器表面纹饰有绳纹、编织纹、篦纹、乳钉纹等。器形有椭圆形陶壶、靴形支架、盂、钵等。

磁山遗址文化堆积丰富，地方特色明确，对探讨中国农业、畜牧业的起源提供了极为重要的线索。1988 年 1 月 13 日被国务院公布为第三批全国重点文物保护单位。

磁山文化的发现是中国半个世纪以来考古工作的重大突破，它把新石器仰韶文化考古年代上溯了 1000 多年，浓缩了新旧石器时代之间的一段距离，为研究原始社会提供了新的重要佐证。

# 河姆渡遗址（中国）

河姆渡遗址是中国南方早期新石器时代遗址，全国重点文物保护单位。它位于距宁波市区约 20 公里的余姚市河姆渡镇，是我国目前已发现的最早的新石器时期文化遗址之一。

河姆渡文化主要分布在杭州湾南岸的宁波，绍兴平原，并越海东达舟山岛。据放射性碳素断代并经校正，其年代约为公元前 6000 年。河姆渡文化的发现与确立，扩大了中国新石器时代考古研究的领域，说明在长江流域同样存在着灿烂和古老的新石器文化。

该文化目前唯一经过较大规模发掘的是河姆渡遗址，在 1973～1974 年和 1977～1978 年，由浙江省文管会、浙江省博物馆主持，进行了 2 期发掘。1982 年国务院公布为全国重点文物保护单位。此外，在浙江鄞县辰蛟、宁波八字桥、舟山白泉、大巨等地，都发现有河姆渡文化的

河姆渡遗址公园

晚期遗存。

　　河姆渡遗址是 1973 年夏天当地农民建造排涝站时发现的，总面积约 4 万平方米，自下而上叠压着 4 个文化层，根据北京大学碳 14 实验室测定，第四文化层距今约 7000～6500 年，第三文化层距今约 6500～6000 年，第二文化层距今约 6000～5500 年，第一文化层距今约 5500～5000 年。该遗址于 1973 年和 1977 年冬进行过 2 次考古发掘，合计面积 2630 平方米，出土生产工具、生活器具、原始艺术品等文物 6700 余件，还发现丰富的栽培稻谷和大面积的木建筑遗迹、捕猎的野生动物和家养动物的骨骸、采集的植物果实及少量的墓葬等遗存。所有这些，为研究我国远古时代的农业、建筑、制陶、纺织、艺术和东方文明的起源以及古地理、古气候、古水文的演变提供了极其珍贵的实物资料。河姆渡遗址第一、二文化层的出土文物与浙江省内湖州邱城遗址下层及嘉兴市郊马家浜遗址的器物相似，第三、四文化层的出土文物，在浙江省是新发现，而且它已拥有较为发达的耜耕农业，采用榫卯技术的干栏式建筑，在国内同时代的遗址中它的生产、生活水平处于领先地位，因此是一支全新的考古学文化。

　　河姆渡遗址发现后，在海内外学术界引起巨大反响，为尽快把它公之于世，1976 年 4 月，国家文物局、浙江省

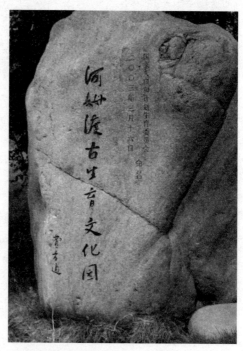

河姆渡遗址公园一角

文化局在杭州召开"河姆渡遗址第一期发掘工作座谈会",来自北京、上海、陕西、广东、福建、安徽、浙江的专家学者和余姚县、罗江乡的代表共 60 多人参加了这次座谈会。与会专家学者认为河姆渡遗址的发现,证明在 7000 年前长江流域同样有着繁荣的原始文化,与黄河流域一样都是中华民族远古文化的发祥地,它是新中国成立以来最重要的考古发现,一致同意了对河姆渡文化的命名。1980～1981 年,浙江省文物考古研究所会同相关市县文管会在宁绍平原作了新石器时代遗址的普查,近年来在基本建设中又陆续发现了一些,至今共发现河姆渡文化类型遗址 47 处,分布于钱塘江以南的沿海地区和舟山群岛,其中以姚江平原最密集(共有 25 处),因此可以说,余姚是河姆渡文化的故乡。

**本篇简介** **B**enpian **B**jianjie　金沙遗址被认为是中国进入 21 世纪的第一项重大考古发现。其出土的大量文物对我国考古研究具有十分重要的意义。

# 金沙遗址（中国）

　　金沙遗址位于成都市青羊区金沙遗址路。金沙遗址是中国进入 21 世纪第一项重大考古发现，2006 年被评为全国重点文物保护单位。"金沙遗址"是民工在开挖蜀风花园大街工地时首先发现的，在沉睡了3000 年之后被发掘出来，"一醒惊天下"。遗址所清理出的珍贵文物多达 1000 余件，包括金器 30 余件、玉器和铜器各 400 余件、石器 170

金沙遗址

件、象牙器 40 余件，出土象牙总重量近 1 吨，此外还有大量的陶器出土。从文物时代看，绝大部分约为商代（约公元前 17 世纪初～公元前 11 世纪）晚期和西周（约公元前 11 世纪～公元前 771 年）早期，少部分为春秋时期（公元前 770 年～公元前 476 年）。而且，随着发掘的进展，不排除还有重大发现的可能。金沙遗址博物馆是为保护、研究、展示金沙遗址及出土文物而设立的主题公园式博物馆，占地面积 30 万平方米，总建筑面积约 35000 平方米，由遗迹馆、陈列馆、文物保护中心等部分组成。

金沙遗址博物馆现已探明的遗址面积约 5 平方公里，遗址范围地势平坦，起伏较小，遗址内及周围河流较多，遗址的南面 1.5 公里处是清水河，摸底河更是在遗址内蜿蜒东流，将遗址分为南北两半。自 2001 年以来进行了考古发掘，发掘面积达 10 余万平方米，发现各类遗迹 3000 余个，又出土了大量的珍贵文物。考古工作者根据考古学对遗址命名的基本原则，将包括黄忠村在内的这一区域的商、周时期遗址统一命名为"金沙遗址"。

# 东胡林人遗址（中国）

东胡林人遗址是新石器时代早期的古人类墓葬遗址，区级文物保护单位，位于北京市门头沟区斋堂镇。1966 年发现，因发现于东胡林村而得名，距今约 1 万年。遗址面积 28 万平方米。该处文化遗址是继"北京人"和"山顶洞人"旧石器文化遗址之后的又一重要发现。

## （一）地层堆积

考古队于 2001 年和 2003 年共挖掘 5 米×5 米探方 7 个（T1～T7），

东胡林人遗址出土的残骸

5 米×8 米探方 1 个（T8），2 米×5 米探沟 2 个（TGl～TG2）。实际发掘面积 200 平方米。以 T3 为例，依土质土色，自上而下可分 7 层。第 1 层：浅灰色土，土质松散，多植物根系，厚 5～20 厘米，为现代耕土层。第 2 层：灰黄色土，土质疏松，厚 15 厘米～35 厘米，此层是 1960 年前后挖白薯窖时堆积而成。第 3 层：灰褐色土，土质松散，厚 0

～35厘米，包含物有青花瓷片、石块、碳屑、红烧土颗粒等，年代约为明清时期。第4层：浅黄色沙质土，分布于探方西半部，厚0～75厘米，包含物有动物骨、螺壳、石片等。第5层：黄色细沙质土，较为致密，分布于探方西半部，厚15～50厘米，包含物有石块、蚌壳及动物骨骼等。第6层：灰黄色细沙质土，土质较第5层致密，夹杂白色斑点，厚10～30厘米，包含物有石片、石块、动物骨骼等。第7层：灰褐色土，土质坚硬，距地表95～105厘米，包含物有石片、石块、动物骨骼等。

### （二）遗迹

发掘的遗迹有灰坑3个，灰堆8处，石器制作场1处。8处灰堆遗迹堆积状况大致相似，位于T3的东北部，范围约为80厘米×60厘米。中心区域有大量的黑色灰烬，包含物中数量较多的是有烧烤痕迹的砾石块、有打制疤痕的石核和动物骨骼（可辨识的主要是鹿骨）等。该遗迹自上至下都发现有石块，上部的石块堆积较乱，底部的石块则大致堆如环状，排列比较整齐。

### （三）墓葬

1966年在清水河西岸的第二级黄土台地上出土人骨3具，未发现有墓圹。正中一具为16岁左右的少女，是一次葬，有颅骨、椎骨、股骨、髋骨、胫骨和耻骨，还有若干指（趾）骨。两侧各为男性成人骨骼1具，是二次葬，仅残存一些体骨和头骨碎片，其中比较完整的有左侧股骨、腔骨和骸骨。在少女骨骼颈部周围发现由50余枚小螺壳制成的项链，最大者长18毫米，宽16毫米，厚11毫米；最小者长11.5毫米，宽8毫米，厚6毫米。在少女骨骼的腕部周围发现由7枚骨管制成的骨镯，骨管是由牛肋截断磨制而成。骨管形状稍偏，最长的约39毫米，宽17毫米，厚9.5毫米；短的长29毫米，宽22毫米，厚10毫米。另外，在其胸部还发现蚌类的壳制品2件，一件扁平，另一件为扁平长棒，上端均有穿孔。在人骨附近发现灰色石英岩石片8件，其中6

件有明显的人工打击痕迹。1995 年春，在遗址断面发现人骨 1 具，并采集有螺壳项链和石制品等，但未发现有墓圹。2001 年在刊东隔梁外发现比较集中的一堆人骨，但明显经过扰动，未发现有墓圹。2003 年在 T8 第 8 层下发现 1 座保存完好的墓葬，墓圹清楚。墓向北偏西 70°，墓口距地表 150 厘米，墓坑长 220 厘米，宽 42～48 厘米，深 52～76 厘米。墓内有保存完整的人骨 1 具，仰身直肢，人骨长约 1.6 米。随葬磨制而成棍状玉石制品（初步鉴定为方解石类）1 件，该随葬品位于人骨鼻与口间。

### （四）出土文物

遗址中出土文物主要有石制品、骨制品、陶片、动物骨骼和果壳等。石制品包括有打制的石核、石片、砍砸器、石锤、刮削器、尖状器和细石叶、石片、石屑等，还有琢磨而成的石磨盘、石磨棒等。骨制品有尖状器、骨锥、骨笄等。陶器仅见少量残片，多为器物腹片及底片，偶有口沿残片。陶片多为红褐色，均为夹砂陶，质地疏松，火候不均，有的陶片外表红褐色，内壁则为黑色。除个别有附加堆纹外，均为素面陶。从断面观察，有的陶片内外成片脱落，似为泥片贴筑法制成。整体来看，多为罐类器物残片。动物骨骼数量较多，多为鹿类动物的肢骨及颚骨、牙齿等，也发现有猪的遗骸。另发现大量的蚌壳、螺壳和蜗牛等。其中极少蚌壳有钻孔和磨痕，应为装饰品。

据东胡林考古队领队，北京大学考古文博学院赵朝洪教授介绍，东胡林人类骨架的发现对考古学、人类学、环境地理学等多学科的研究都具有重要意义。从考古学上说，东胡林人骨架的发现对研究北京地区乃至华北地区的地层，对研究距今 1 万年左右的新石器时代早期墓葬，对发现东胡林人与北京周口店人、山顶洞人的历史渊源等有重要学术价值。

中科院院士吴新智认为，东胡林人所处的考古阶段正是新旧石器交替时期，能发现这么早期的新石器人类骨架，而且保存的如此完整，填补了自山顶洞人（距今约 3 万年）以来至距今 1 万年左右人类发展链条中的空白。吕遵谔教授认为这个遗址很重要，因为在旧石器晚期到新石器早期这个历史环节上缺乏必要的材料，东胡林人的发现是很关键的环节，将旧石器晚期到新石器早期的人类链条连接起来了。

中科院黄慰文教授说，东胡林人所处的考古阶段正好是从冰期向冰后期转变的时期，这一时期地球上自然环境发生巨变，人类如何适应这种突变，一直是国际上学者们研究的重点课题，此次考古发现对研究北京地区特别是山区气候的变化，研究环境变化与人类早期文化发展的关系具有重要的意义。

专家们一致认为东胡林人遗址是十分难得的考古研究基地，对研究华北地区环境的变迁，我国早期农业、早期陶器的出现及其人地关系具有重要意义。该遗址的发掘为研究华北地区乃至整个中国新石器时代早期人类及其文化提供了十分重要的资料。

# 楼兰古城（中国）

　　楼兰，西域古国名。楼兰是中国西部的一个古代小国，国都楼兰城（遗址在今中国新疆罗布泊西北岸）。西南通且末、精绝、拘弥、于阗，北通车师，西北通焉耆，东当白龙堆，通敦煌，扼丝绸之路的要冲。国人属印欧人种。汉武帝初通西域，使者往来都经过楼兰。楼兰屡次替匈奴当耳目，并攻劫西汉使者。元封三年（前108），汉派兵讨楼兰，俘获其王。楼兰既降汉，又遭匈奴的攻击，于是分遣侍子，向两面称臣。后匈奴侍子安归立为楼兰王，遂亲匈奴。王弟尉屠耆降汉，将情况报告汉朝。昭帝元凤四年（前77），汉遣傅介子到楼兰，刺杀安归，立尉屠耆为王，改国名为鄯善，迁都扜泥城（今新疆若羌附近）。其后汉政府常遣吏卒在楼兰城故地屯田，自玉门关至楼兰，沿途设置烽燧亭障。魏晋及前梁时期，楼兰城成为西域长史治所。

　　距今约1600年前楼兰国消失，只留下古城遗迹。楼兰古城地处新疆巴音郭楞蒙古自治州若羌县北境，罗布泊的西北角、孔雀河道南岸的7公里处。

　　楼兰国的远古历史至今尚不清楚。楼兰名称最早见于《史记》。《汉书．匈奴列传》记载，"鄯善国，本名楼兰，王治扜泥城，去阳关千六百里，去长安六千一百里。户千五百七十，口四万四千一百"。大约在公元前3世纪时，楼兰人建立了国家，当时楼兰受月氏统治。公元前177～前176年，匈奴打败了月氏，楼兰又为匈奴所辖。

楼兰古城

　　楼兰古城现占地面积 12 万平方米，接近正方形，边长约 330 米，整个遗址散布在罗布泊西岸的雅丹地貌群中。

　　楼兰古城遗址西北距库尔勒市 350 公里，西南距若羌县城 330 公里。

　　楼兰王国最早的发现者是瑞典探险家斯文·赫定。1900 年 3 月初，赫定探险队沿着干枯的孔雀河左河床来到罗布荒原，在穿越一处沙漠时才发现他们的铁铲不慎遗失在昨晚的宿营地中。赫定只得让他的助手回去寻找。助手很快找回铁铲甚至还拣回几件木雕残片。赫定见到残片异常激动，决定发掘这片废墟。1901 年 3 月，斯文·赫定开始进行挖掘，发现了 1 座佛塔、3 个殿堂、带有希腊艺术文化的木雕建筑构件、五铢钱、1 封佉卢文书信等大批文物。随后他们又在这片废墟东南部发现了许多烽火台一直延续到罗布泊西岸的一座被风沙掩埋的古城，这就是楼兰古城。

古城几乎全部为流沙所掩埋。城墙用黏土与红柳条相间夯筑。有古运河从西北至东南斜贯全城。运河东北有 1 座八角形的圆顶土坯佛塔。塔南的土台上，有一组高大的木构建筑遗迹，曾出土汉文、佉卢文文书及简牍、五铢钱、丝毛织品、生活用具等。运河西南的中部，有 3 间木构土坯大型房址，房中及其附近曾出土大量汉文文书、木简及早期粟特文和佉卢文文书，估计为衙署遗迹。其西的一组庭院，可能是官宦宅邸，南边分布着矮小的民居。城中出土的各种文书、简牍，被称作罗布泊文书。

在 20 世纪初的考察过程中，大量楼兰文物被国外考察团带走。

楼兰文化堪称世界之最的人文景观。据考古学家证实：塔里木河盆地人类活动已有 1 万年以上的历史。如果我们把遗弃在塔里木河塔克拉玛干大沙漠中的古城用一根红线连接起来，我们会惊奇地发现，所有的古城包括楼兰王国在内，突然消失的时间都在公元 415 年，所有的遗址都在距今天人类生活地 50～200 公里以外的茫茫沙漠之中。时至今日，尽管有众多学者付出了巨大心血，但楼兰古城的兴衰与消失，至今仍是谜团，楼兰遗址也成为世界注目的焦点。轮台古城、且末遗址、古墓葬群、古烽燧、古代岩壁画等等，都是世界级的旅游景点。在人类历史上，楼兰是个充满了神秘色彩的名字。它曾经有过的辉煌，形成了它在世界文化史上的特殊地位。人们在楼兰文化上所表现出的兴趣与热情，充分说明楼兰不仅是属于中国的，而且是属于人类的。

# 圆明园（中国）

　　圆明园亦称"圆明三园"，是圆明园及其附园长春园、万春（绮春）园的统称，是清代行宫式御园。圆明园坐落在北京西郊海淀，与颐和园紧相毗邻。始建于康熙四十六年（1707），占地 350 公顷（5200 余亩），其中水面面积约 140 公顷（2100 亩），有园林风景 100 余处，建筑面积逾 16 万平方米，是清朝帝王在 150 余年间创建和经营的一座大型皇家宫苑。

　　"圆明园"，是由康熙皇帝命名的。玄烨御书三字匾额，就悬挂在圆明园殿的门楣上方。对这个园名雍正皇帝有个解释，说"圆明"二字的含义是："圆而入神，君子之时中也；明而普照，达人之睿智也"。意思是说，"圆"是指个人品德圆满无缺，超越常人；"明"是指政治业绩明光普照，完美明智。另外，"圆明"是雍正皇帝自皇子时期一直使用的佛号，雍正皇帝崇信佛教，号"圆明居士"。康熙皇帝在把园林赐给胤禛（后为雍正皇帝）时，亲题园名为"圆明园"正是取意于雍正的佛号"圆明"。

　　圆明园旧址是一座占地约 500 亩的水景园，在康熙四十六年（1707）时，该园已初具规模。同年 11 月，康熙皇帝曾亲临圆明园游赏。雍正皇帝于 1723 年即位后，拓展原赐园，雍正三年（1725）扩建为 3000 余亩，并在园南增建了正大光明殿和勤政殿以及内阁、六部、军机处诸值房，御以"避喧听政"。乾隆皇帝在位 60 年，对圆明园岁岁营构，日日修华，浚水移石，费银千万。除了对圆明园进行局部增建、改建之外，并在紧东邻新建了长春园，在东南邻并入了绮春园。至乾隆九年（1744），开始致力于两座附园的建筑；至乾隆三十五年（1770），圆明三园的格局基本形成。嘉庆时朝，主要对绮春园进行修缮和拓建，使之成为主要园居场所之一。嘉庆年间，圆明三园的总面积达5200余亩，外围总长10公里。建筑面积约15万平方米，景点合计约160处，有"万园之园"之称。道光朝时，国事日衰，财力不足，但宁撤万寿、香山、玉泉"三山"的陈设，罢热河避暑与木兰狩猎，仍不放弃圆明三园的改建和装饰。

圆明园继承了中国3000多年的优秀造园传统，既有宫廷建筑的雍容华贵，又有江南水乡园林的委婉多姿，同时还吸取了欧洲的园林建筑形式，把不同风格的园林建筑融为一体，在整体布局上使人感到和谐完美，真可谓"虽由人做，宛自天开"。圆明园不仅以园林著称，而且也是一座收藏相当丰富的皇家博物馆。法国大作家雨果曾说："即使把我

圆明园遗址

国所有圣母院的全部宝物加在一起，也不能同这个规模宏大而富丽堂皇的东方博物馆媲美。"园内各殿堂内装饰有难以计数的紫檀木家具，陈列有许多国内外稀世文物。园中文渊阁是全国四大皇家藏书楼之一。园中各处藏有《四库全书》、《古今图书集成》、《四库全书荟要》等珍贵图书文物。

圆明园，曾以其宏大的地域规模、杰出的营造技艺、精美的建筑景群、丰富的文化收藏和博大精深的民族文化内涵而享誉于世，被誉为"一切造园艺术的典范"和"万园之园"。

这一世界名园于咸丰十年（1860）遭英法联军野蛮的劫掠焚毁，以后又经历了无数次毁灭和劫掠，一代名园最终沦为一片废墟。

圆明园遗址公园建成于 1988 年，仅存山形水系、园林格局和建筑基址，假山叠石、雕刻残迹仍然可见。在"西洋楼"旧址建有园史展览馆，供人瞻仰凭吊，令人痛定思痛。

# 西南丝绸之路（中国）

　　"西南丝绸之路"在中国境内由 3 大干线组成，全长 2000 多公里。
一条是以四川成都为起点，经宜宾、昭通、曲靖、昆明、楚雄、南华、云南驿至大理，称为"五尺道"；一条是从成都南出发，经邛崃、雅安、灵关、西昌、姚安至大理，此条又称"灵关道"；三是上述两条汇合后西行，经漾濞、永平、保山、腾冲出缅甸，从保山至缅甸段称为"永昌道"。成都是"西南丝绸之路"的起点，腾冲是"西南丝绸之路"的最后驿站。

　　元朝统一云南后，在行省境内建立驿站 78

西南丝绸之路古道

处，其中由中庆（今昆明）至大理沿途经禄丰、路甸、威楚、沙却、普棚、白山石诸站，随着时代的变迁又称塘、铺、哨、关、驿等。斗转星移，日月交替，古西南丝路的绝大部分道路，已湮没在时间的风雨之中，但一些雄关险道，骡马蹄印，诗联题刻，至今仍留下深深的历史印痕。最典型的如保山的兰津古渡，霁虹桥遗址及附近的摩崖诗、词、题刻。保山的水寨、官庄等路段，都是当年用人工凿岩开山而成的路基，至今仍保存完好。水寨一段自澜沧江边至长湾长约 10 余公里，原设平坡铺、山达铺、水寨铺等邮驿站点，现尚存平坡铺的小街宽 3 米、长50 米，两端有街门等遗迹。由平坡西上罗阳山至水寨，山腰大石坎长三四公里的路段是在悬崖峭壁上开凿而成的。路径曲折陡峭，有 500 余级台阶犹如天梯，史称"梯云路"。石阶上犹存骡马攀踏的累累蹄印，最深者达 13 厘米，可见当年要攀越这段路途是多么艰难啊！

这条古道是难得的文化遗产，其中有些驿站已列入历史文化保护单位。一系列南北走向的高山峡谷所组成的横断山脉，地理构造奇特，形成了绚丽多彩的自然景观，蕴藏着大量珍贵的稀有动物和植物。这里自史前时代起，就是中华各族系往返迁徙的良好通道，至今还居住着羌、彝、藏、回、白、傣、傈僳、普米、阿昌、德昂、景颇等十多个少数民族。在这条远古民族走廊的基础上发展起来的西南丝绸之路，是以富饶的成都平原为起点，经过云南进入缅甸再到印度，进而远达中亚及欧洲。西北的陆上丝路、南方的海上丝路和西南方的陆上丝路中，以西南方的丝路发展得最早，在公元前 4 世纪时便已开通。这条丝路在汉代时称为"蜀身毒道"，蜀是四川，身毒是印度的古称，指从四川出发，经过云南、缅甸直至印度的商路。滇西"古西南丝绸之路"遗迹主要位于保山市的水寨、官坡及大理州水平的博南山等地。

1986 年夏，离成都北郊不远的广汉三星堆文化遗址，出土了大批精美的青铜器，以及来自缅甸、印度温暖海域的齿贝，有力地证明了古蜀文化的极高水平，并且早在 3000 年前就已经与沿海地区有了交往。

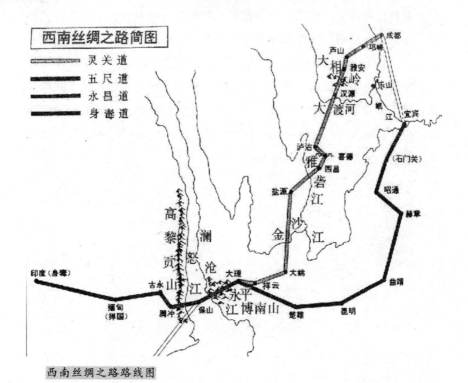

西南丝绸之路路线图

古西南丝绸之路形成于 2000 多年前的汉代，比我国西北丝绸之路的形成早两百多年。它和西北丝绸之路一样，曾经对世界文明作出过伟大的贡献。据史书记载，公元前 122 年，张骞奉命出使西域（今阿富汗、伊朗等地），看到从印度输入的四川蜀布和筇竹杖，得知四川商人早已从云南经缅甸到印度去从事贸易活动了。张骞回朝将所见所闻上奏汉武帝，具有雄才大略而又好大喜功的汉武帝听后十分惊喜，决心不惜一切代价打通从西南到印度的官道，由官方参与商业贸易，扩大疆土。武帝即封张骞为博望侯，命其以蜀郡（治所在成都）、犍为郡（治所在宜宾西南）为据点，派遣四路秘密使者，分头探索通往印度的道路，但都遭到西南少数民族的阻拦未获成功。武帝又从内地广征士卒，举兵攻打西南夷、夜郎、滇等国及许多部落。但由于封建统治者造成的民族隔阂太深，以及昆明、隽等族的头人酋长为了垄断丰厚的过境贸易而拼死抵抗，历经 10 余年，结果仅打通了从成都到洱海地区的道路，官方使者未能超过大理至保山一带，只能通过各部族作中介与印度商人间接贸易。到了东汉明帝永平十二年（69 年），哀牢人内附、东汉王朝"始通博南山、渡澜沧水"，滇缅通道才算打通了，并与缅甸的掸族有了经济文化来往，又通过缅甸进入了印度。

# 迦毗罗卫城遗迹（印度）

　　迦毗罗卫城是释迦族的首都，太子悉达多（释迦牟尼）的童年以至于成年后娶妻生子的岁月，都是在这里度过的。然而，他的离家修行，也是从这里告别家人。对后世的佛弟子而言，悉达多太子出离的迦毗罗卫城自有其不凡的意义。

　　摩耶夫人在蓝毗尼园生下悉达多太子后，就返回迦毗罗卫城接受众人的祝福。当时声名远播、高龄百岁的阿私陀仙人，特别远道赶来为太子占相，他毫不犹豫地预言："如果太子在家，一定是统治世间的转轮圣王；如果出家，则一定是救世觉人的佛陀。"

　　太子出生7天后，摩耶夫人就因病去世，而由她的妹妹摩诃波阇波提夫人抚养太子长大。悉达多太子在迦毗罗卫学习五明、四吠陀，他的父亲净饭王为了防止悉达多太子出家修道，想尽各种方法，甚至配合印度的3个季节（夏季、雨季、凉季），建造了3座富丽堂皇的宫殿，想要让太子陶醉在物质的享受中。

　　然而当太子29岁时，他出城游逛，真实地看到了人生的苦痛，生起对生命的哀悯与疑惑，因此连夜离开他成长的富贵王宫，走向追求真理的大道。

　　现今对于迦毗罗卫城遗址的确认，在佛教考古学上未有定论，位于印度境内的毕波罗瓦及尼泊尔境内的提拉乌拉寇德，均可能是古城旧址。1898年法国考古学家在毕波罗瓦挖掘出装有释迦牟尼佛遗骨的舍

迦毗罗卫城遗迹

利瓶，上面写有"这是由释迦族人所共同奉祀的地方"的字样，使得其为真正遗址的可能性增高。但是，日本学者前田行贵教授提出，提拉乌拉寇德的遗迹（如佛塔、防御城墙、护城河、皇宫之建筑群、城镇）结构，乃至附近的河流，都正如古佛教文献及玄奘游记所记载的有关释迦都城的环境描述。由此看来，对于迦毗罗卫城遗址的确认，还应持有审慎的态度。

# 耶路撒冷圣城 （巴勒斯坦）

耶路撒冷作为犹太教、基督教和伊斯兰教三种宗教的圣地，具有极高的象征意义。在它的 220 个历史建筑物中，有著名的岩石圆顶寺，建于 7 世纪，外墙装饰有许多美丽的几何图案和植物图案。三大宗教都认为耶路撒冷是耶稣的殉难地。哭墙分隔出代表三种不同宗教的部分，圣墓大堂庇护着耶稣的墓地。

耶路撒冷是块磁石，吸引着来自世界各地的犹太教、基督教和穆斯林朝圣者。它享有世间唯一的殊荣，犹太教徒、基督教徒和穆斯林均视其为圣城。

犹太人从"托拉"（希腊语"五经"一词的希伯来语译文，指《旧约》之首五卷）获悉，先知们预言的弥赛亚终将出现在锡安山（昔日一度被称为"大卫城"的耶路撒冷的 7 块高地之一）上，那时候，所有民族都将融合为一。为了尽可能接近于实现这一预言，世界各地虔诚的犹太教徒都梦想着死后能安葬在这一圣山旁的墓地里。经文中写得很清楚，直到那时，犹太人都应当仍然是"一个神圣的国家，一个祭司的民族"，而不与其他国家融合为一。犹太人认为，这是建立一个既为世俗王国，又系宗教王国的以色列国家，其"永恒的"首都均为耶路撒冷的根本理由之一。

基督教徒引证的是《新约·启示录》，并相信人间的耶路撒冷终将变为天堂。除了十一二世纪，在十字军攻陷耶路撒冷之后建立的短暂的

"耶路撒冷王国"而外,基督教徒从不考虑该城的政治地位。他们崇敬耶路撒冷,仅仅是由于它在基督教诞生过程中起过的作用,以及与此相关的回忆。须知正是在耶路撒冷,上帝之子耶稣基督托胎人形来拯救世界,经历了他人间生活最痛苦也最壮丽的时刻,尤其是被钉死于十字架和死后的复活。

根据穆斯林的传统,信徒们则期待着穆罕默德在圣殿广场上降临,去会见易卜拉欣、穆萨和耶稣(《古兰经》上的耶稣只是一位先知),并作为末日审判和死后复活的预言者同他们一起祈祷。不过,对穆斯林来说,耶路撒冷的意义还不止这些。耶路撒冷,作为穆罕默德那次骑着牝马被带往天国的神秘夜行的目的地,乃是仅次于麦加和麦迪那的伊斯兰教的第三大圣地。鉴于此事已有《古兰经》记录在案,因而被视为绝对真理:"赞美真主,超绝万物,他在一夜之间,使他的仆人,从禁寺行到远寺,他在远寺的四周降福,以便我昭示他我的一切迹象。"(《古兰经》第十七章)

一年四季都有成千上万属于这三大宗教的虔诚的朝圣者,潮水般涌向耶路撒冷,把这座圣城变成一幅色彩斑斓、汇聚了各色人等的油画作品。实际上,主要圣地都集中在旧城一个由4公里城墙围起来的相对狭小的区域内。旧城(东耶路撒冷)有4个区(犹太人区、穆斯林区、基督教徒区和亚美尼亚人区),在以色列国建立并发生第一次阿以战争的1948～1967年六日战争被以色列占领这段时间里,由约旦人统治。自1967年以来,则由以色列人统管朝圣过程。

(一)哭墙

圣殿山是犹太教徒最重要的一处圣地。保护至圣所的那座著名的大殿是希律一世(大帝)于公元前37年在由所罗门建造的第一圣殿的废墟上重建起来的。希律圣殿被古罗马提图斯军团毁于公元70年,其遗迹仅为一段12米高的基础墙,通常以"哭墙"闻名于世。以色列人发誓决不废弃"哭墙"。

"哭墙"所在的破败街区1967年后被拆除，成了一片宽阔的铺砌广场。虔诚的犹太教徒热切希望能重建这一圣殿，但那是不可能的，因为那将意味着要拆除后来在遗址上建起的穆斯林圣所。在圣殿地

哭墙

基附近还建有一座犹太教堂和一座拉比学馆。

### （二）庄严的圣地

一度曾被犹太教圣殿占用的这块高耸的台地，而今已成为穆斯林的"庄严的圣地"。公元636年，耶路撒冷被哈里发欧麦尔攻占，他的继承人之一阿卜杜勒·马利克在那遗址上建起了一座八角形的清真寺，以遮盖被认为是先知穆罕默德有过梦境的那块岩石。这也就是该建筑物之所以叫"岩石圆顶寺"的原因所在。诚如法国作家勒内·德·夏多布里昂在他的《从巴黎到耶路撒冷旅行记》中所记述的那样，历史允许穆斯林登上这块台地，如果说19世纪的法国旅行家皮埃尔·洛蒂曾拥有在"岩石圆顶寺"下散步的特权，那是因为他获得了耶路撒冷帕夏的特许。

"岩石圆顶寺"今天已对所有的人开放，只除了星期五这一穆斯林会众的特殊祈祷日，以及伊斯兰教的各重大节日（纪念先知穆罕默德诞辰的"圣纪"、表示斋月结束的"开斋节"）。不过，"岩石圆顶寺"不举行集会，集会地点在附近的艾格撒清真寺，后者大致也建于同一时期。

艾格撒清真寺吸引着越来越多的来自东方各国的信徒。他们与清晨从约旦河西岸和加沙地带边远小村乘车而来的巴勒斯坦人混杂在一起。

早晨的气氛都相当宽松，但到星期五就紧张了，因为"庄严的圣地"的入口被部署在木质大门对面的以色列士兵严加看守了起来。许多信徒不是因为有活动分子嫌疑，就是因为人数太多，而被禁止入内。被拒之于门外的人们只能起挤在附近的街道上进行祈祷。

### （三）圣墓

基督教朝圣者在基督教各主要节日期间涌入耶路撒冷，复活节则由于彼时彼刻令人回想起一些重大事件而朝觐人数最多。他们的首要目标是圣墓大堂。由君士坦丁大帝的母亲圣海伦娜开始兴建的这座庞大、阴暗的建筑，盖在髑髅地即基督被钉死于十字架的那个小山包上，50步开外即是基督墓地，3天之后他又在这里升天。夏多布里昂记述道，这座大堂"由几座建在高低不等的地基上的教堂组成，用许多灯照明，显得特别神秘。阴暗是那儿的主调，能保持心灵的虔诚并进行反省。"

几百年来，不同教派的统治集团都争相守护这些基督教的圣地。由于无法达成协议，只好弄了个占有时间与空间的临时安排：其间，方济各会的"圣地守护人"，与希腊和俄罗斯的高级主教们、埃及及埃塞俄比亚来的科普特者和阿比西尼亚的修士们、黎巴嫩来的马龙派教徒和麦尔基派教徒们、叙利亚和伊拉克来的亚美尼亚教会和聂斯托利教派的祖父们之间，都曾有过交往。除了这形形色色的基督教教派外，更有英语世界的诸基督教派，其中包括摩门教、英国圣公会及其他新教，尽管他们对这些圣地其实并无任何权利可言，但也各占着一份历史、文化和礼拜仪式方面的遗产，所以都着意保护，唯恐有失。

苦路祈祷，即穿过狭窄街道——而街面上商店依然开门营业——的复活节仪式队列行进（"苦难的历程"），经常是在一种无可名状的混乱中进行的。作为对这种难堪局面的反应，越来越多的基督教朝觐者宁可选择"落令时节"来拜访耶路撒冷，那样，他们倒可以充分享受他们所弥足珍贵的那种圣地的宁静。

# 吴哥窟（柬埔寨）

　　吴哥窟巨大的庙宇坐落在炎热、潮湿的雨林中部的空旷地带。在吴哥这座东南亚柬埔寨古代高棉王朝都城的其他一些地方,建筑物已被丛林所取代。

　　吴哥窟又名吴哥寺,它是吴哥古迹中保存最完好的庙宇,以建筑宏伟与浮雕细致闻名于世,也是世界上最大的庙宇,已成为柬埔寨国家的

吴哥窟石刻

标志。

　　吴哥窟建在公元 9～15 世纪高棉国王统辖的一片大平原上。吴哥窟建于公元 12 世纪，吴哥王朝国王苏耶跋摩二世希望在平地兴建一座规模宏伟的石窟寺庙，作为吴哥王朝的国都和国寺。因此举全国之力，并花了大约 35 年建筑，现为城内庙宇中最令人难忘的建筑。

　　吴哥窟真是令人叫绝。它是世界上最大的宗教建筑。主庙被一排排围墙包围着。它的一些巨塔形似含苞欲放的荷花。庙内有许多雕像、台地、工廊和庭院，均呈对称布局。吴哥窟的长廊外部雕有丰富多彩的印度教神像和神话传说。

　　整个庙宇由大石块砌筑而成。石块间的缝隙严密，没有使用任何黏合物。

　　庙宇过去由巨大的护城河环绕着，现在这些护城河几乎绝迹。

　　吴哥地区的庙宇直到 1860 年才被发现。但

吴哥窟一角

1 个世纪后，人们才弄清楚吴哥城的规模。以前其人口超过 100 万，地域辽阔。高棉人修建了一系列复杂的沟渠和长方形的大湖或水库。这使

得即便是在旱季，城市及其周围地区也能得到充足的供水。

吴哥窟是高棉古典建筑艺术的高峰，它结合了高棉寺庙建筑学的两个基本布局：祭坛和回廊。祭坛由三层长方形有回廊环绕须弥台组成，一层比一层高，象征印度神话中位于世界中心的须弥山。在祭坛顶部矗立着按五点梅花式排列的五座宝塔，象征须弥山的五座山峰。寺庙外围环绕一道护城河，象征环绕须弥山的咸海。

# 巴基斯坦遗址群（巴基斯坦）

巴基斯坦是个古老的国度，也是个奇特的国度。这里绵延着几千年前古老的习俗风土。巴基斯坦男人爱戴真纳皮帽，妇女穿宽大长袍，戴面罩。他们爱吃香辣食品，习惯用右手抓食吃，平时爱嚼槟榔，见面必须先说"真主保佑"。巴基斯坦的婚嫁习俗尤其令人称奇。

巴基斯坦的婚姻，大都是父母包办，这是自古流传下来的习俗。这里，所有的家长都是包办婚姻的忠实执行者和积极拥护者，他们视自由婚姻为洪水猛兽，认为如果让孩子自行婚恋，不仅伤风败俗，而且不会有幸福。不少青年人既向往自由婚恋，又害怕担风险，对于父母之命、媒妁之言，大家只能俯首听命，不敢有任何违抗。有人曾说巴基斯坦青年人对自由婚姻所持的态度是叶公好龙、跃而不试。巴基斯坦的开明人士早在几十年前就在文学作品中为自由婚姻鸣锣开道了，但始终未能冲破几千年来的封建包办婚姻的桎梏。

在巴基斯坦境内，汇聚了许多几千年前的古城遗址，主要有拉舍尔、白沙瓦、塔塔等历史名城和莫享朱达罗考古遗址、塔克西拉考古遗址、果德迪吉古城遗址、莫恩焦德罗古城遗址等。

### （一）"花园城市"——拉舍尔

拉合尔，南亚著名古城，巴基斯坦第二大城市，旁遮普省省会，曾为 16～17 世纪莫卧儿王朝时代的首都。拉舍尔位于拉维河南岸，靠近印巴边界，地处富庶的印度河上游冲积平原，属亚热带大陆性气候，雨

花园城市拉舍尔

水充足。市内树木葱茏，芳草如茵，群花争艳，叠翠飘香，素有"花园城市"之称。

　　然而，拉舍尔真正优美之处在于莫卧儿王朝留下来的那些最精美的、至今仍然保留着昔日富丽堂皇的建筑物。拉舍尔城区的建设充分反映着这座城市的历史变迁。莫卧儿帝国时代遗留下来的建筑区，街道狭窄，房屋拥挤；英国统治时期修建的豪华住宅，行政、教育和商业机构的建筑物则排列整齐，街道也比较宽阔；独立后建起的住宅区更具有现代城市的风貌，有现代化的商业中心、城镇、水利电力发展局大厦、旁遮普大学新校园、巴基斯坦独立纪念塔、烈士清真寺和伊斯兰国家首脑会议纪念塔等。阿克巴大帝在位时是莫卧儿王朝的鼎盛时期。用镶嵌画装饰的巴德沙希清真寺是一家宏伟的皇家清真寺，始建于 1673 年，庄严的拱门和圆顶，辉煌壮丽，可容纳几万人同时做祷告，面积居全国之首，也是世界上最大的清真寺之一。拉舍尔古堡原是莫卧儿王朝时期的一座古王宫，也是巴基斯坦唯一一座完整地反映自阿克巴时期到恰赫·吉汉时期莫卧儿建筑史的建筑物，里面的几座宫殿全是用大理石砌成的，雄伟壮观。壮丽的杰汉吉尔陵园位于拉合尔西北部约 8 公里处的拉维河右岸，穹顶形陵墓的中殿有一块大理石墓碑，上面镶嵌着宝石拼成的花卉浮雕图案。著名的夏里玛公园是沙·杰汉皇帝于 1642 年修建的，是一座皇家御花园。园林建筑艺术别致，园内有 3 个湖，分高、中、低 3 层，宛如台阶下降，一个大理石砌成的溅玉飞珠的瀑布和自湖面涌起的 400 多柱吐翠泻玉的喷泉，构成一幅风景奇丽的图画，堪称莫卧儿强盛国力的完美体现。早在公元 630 年，我国唐代高僧玄奘曾访问此地，并在他的著作中留下关于拉舍尔的最早记载。

### （二）"百花之城"——白沙瓦

白沙瓦，历史名城，西北边境省首府。

一走进白沙瓦，你脑海中有关"一千零一夜"故事的记忆就会悄然苏醒：一条条狭小的街道生机勃勃，带阳台的古老建筑，有高高尖塔的清真寺，星罗棋布的巴扎（市场），路旁散发着诱人香味的小吃摊，筒状烤炉里烤着的"恰巴蒂"（薄面饼），文火烘烤着的肉，花花绿绿的

百花之城白沙瓦

布料，阿富汗地毯，精致的陶器和金银饰品。

如果要拍"一千零一夜"的外景，哈万尼巴扎（当地语言中意为讲故事街）无疑是最好的选择。在古代，这里不仅是市场，还是疲惫的游人歇脚、听说书人讲浪漫故事的地方。最让人感叹的是，这里给人一种

不属于这个时代的感觉，古老的过去在这里保存完好。

"白沙瓦"一词源自古梵文，意为"百花之城"，城中多花、多果、多树木，尤以绚丽多姿的玫瑰最为吸引人。5世纪和7世纪，中国晋朝高僧法显、北魏使者宋云和唐朝高僧玄奘均到过此地。玄奘在《大唐西域记》中称这里是"花果繁茂"的天府之国。

这里还是一个文化中心。2世纪初，崇尚佛教的伽腻色伽王曾在此建都，并开岩凿壁，建寺造塔，雕刻佛像，创造了以佛像石雕为主的犍陀螺文化。它不仅继承了传统的印度文化，而且受希腊文化、波斯文化的影响，成为东西方文化交流的结晶。但犍陀螺的佛教建筑因战争几乎全遭毁灭，只有白沙瓦博物馆内还保存着若干发掘出来的石雕。

别忘了，白沙瓦是帕坦人的城市。每个帕坦男人头上都缠着一条头巾，而且都随身携带着长枪或短枪。他们魁梧的身躯和冷峻的目光，给初来乍到的游人一种望而生畏的感觉。妇女们则穿着更保守的衣服，脸上蒙着面纱。

还有一些妇女则穿着几乎把全身都裹住的"波尔卡"（一种罩袍），只有眼部留有一小块网孔，来分辨前方的道路。

此外城郊还建有莫卧儿王朝的巴拉希萨城堡、16世纪建筑的麦罕白·赫尼大清真寺，以及具有浓郁地方色彩的白沙瓦清真寺等。

### （三）"死人之丘"——莫亨朱达罗遗址

莫亨朱达罗考古遗址，位于信德省印度河以东1.6公里处，是公元前3世纪印度城市的遗址。这座占地97公顷的城市全部为砖砌建筑，有城墙和矗立在开阔坡地上的卫城，低城区建筑布局严谨，是公元前2350年至前1750年印度文明成熟期最有代表性的城市。

大约5000年前，美丽的印度河流域农牧业已经相当发达，涌现出大批的居民点和城市。大约持续1000年之久，之后城市忽然消失，文明忽然中断了。最近60年来，考古学家陆续在沿岸发掘出几十处城市遗址，其中最大的一处叫做莫亨朱达罗，当地方言就是"死人之丘"。

该城坐落在巴基斯坦信德省拉尔卡纳市以南 24 公里的印度河右岸,南距卡拉奇海港 320 公里。

### (四)布局严整的砖城

当它湮埋在泥沙、荆棘中的时候,人们以为它是无足轻重的坟地。一旦清去覆盖物,还其本来面目后,人们惊讶得说不出话来了。难道 4000 年前能有这么漂亮的城市吗?

莫亨朱达罗的顶部建筑早已荡然无存,但城基、房基保存完好;街道、水沟历历可辨。遗址总面积 7.68 平方公里,估计当时有人口 3~5 万。分上下城两部分。主体在下城,它是商业区和住宅区,居住着平民、手工业者和商人。上城是个小城堡,一小撮统治者和宗教祭司住在那里;烧砖是主要建筑材料,有别于古代世界最常见的石城、土城。

城市建设经过事先的规划、设计,布局严整,成长方形棋盘格状。主街均作南北和东西十字交叉,宽 9.15 米。每一棋盘格是一个街区,约长 366 米,宽 275 米,其间平房、楼屋罗列,庭院错落,小巷穿插。墙壁都用烧砖砌成,以灰泥缝合。不少房屋有砖砌的浴室和水井。下水道系统也很完整,穿街入巷通到每座房屋,也是用砖砌的。一座容量很大的粮食仓库,地面铺砖,上下有通风管道。市中心有一座颇大的会议厅,可见当时行会组织很活跃。

上城是建在 9.15 米高的人造平台上的城堡,城内有一座高塔,一个带走廊的宫殿,一座有柱子的大厅。还有一个举世闻名的莫亨朱达罗大浴池,面积 1063 平方米;室内一口浴池长 12 米,宽 7 米,深 2.5 米,用砖砌成,密不漏水。浴池周围有排水沟、水井和相应的建筑物。考古学家认为浴室可能是举行宗教仪式用的。

遗址附近的博物馆内,有一幅重现当时城市全貌的图画,只见"赭红色的城墙内商旅云集,烧砖制陶的火窑轻烟袅袅,椰枣树遮天蔽日,印度河上舟楫如鲫"。昔日城市繁荣的景象,历历在目。从出土的文物中,人们可以看到用铜、银制作的武器、塑像、首饰。红色陶器饰着色

彩鲜明的圆周图案。浅浮雕的金属印章，上面刻着牛、象、虎、鳄鱼、鹿、山羊和象形文字；奇异的陶俑再现了当时的社会生活，一尊"教王"的塑像，头系发带，面蓄胡须，左肩斜搭一个三瓣花图案的大氅；一个全身赤裸的舞女塑像，佩项链，戴手环，叉腰翘首，俨然不可侵犯。

### （五）戛然而止的文明

如果现代人能够破译莫亨朱达罗出土文物上的象形文字，它的千古秘密便可大白于天下了。可惜，没有人能够猜出它的含意，只能对古城的兴亡作一些模棱两可的分析。

某些学者推想，一些部落为了建立更理想的家园，5000年以前从现在的俾路支东迁，跨越沙漠，来到印度河西岸平原定居，从此出现了印度河流域的文明。肥沃的土地，丰足的水源，产生了发达的灌溉农业，派生了植棉织布业，养羊剪毛纺织业。有了专业分工的工匠和商人，才有可能形成这么大的城市。据说当时的印度棉花远近闻名，巴比伦人把棉花叫做"信杜"，希腊人叫做"信顿"，都跟今日的"信德"一音相近，可以作为植棉业鼻祖的佐证。

莫亨朱达罗的文明大约维持了1000年，即公元前2500年至前1500年，历史学称为"青铜器时代"。对于它的衰落和消失，人们历来持自然灾害和人为破坏两种看法，但以前者较有说服力。大约在公元前1700年前后，地球上曾经存在一个地震活跃期，许多城市都在这个时候毁灭了。莫亨朱达罗被大地震毁坏后，继之暴雨成灾，印度河泛滥，蚊蚋成群，瘟疫流行，残城彻底摧毁，土地不能耕作。莫亨朱达罗的幸存者既然养不活自己，哪有余力重建城市？于是背井离乡，四散逃荒，到别处去另建家园了。

另一种说法，莫亨朱达罗发生内乱，自相残杀，互相削弱，逐渐衰败下去，让外族有了可乘之机，在一次大规模的入侵中被摧毁了。但是，入侵者是谁呢？

遗址自 1922 年发掘以来，引起各国历史学家的注意，联合国教科文组织亦组织专家进行考察，一致公认它是全世界已发现的最古老的城市遗址之一。但这里遭受洪水和盐碱的侵蚀，整个遗址岌岌可危，必须立即采取有效措施，才能避免不可挽回的损失。

### （六）"逝去的城市"——古城塔塔遗址

巴基斯坦古城塔塔，位于距离卡拉奇东南 100 公里的印度河畔三角洲北部的信德省，14 世纪～18 世纪曾为三代王朝的首都，后被并人莫卧儿的版图。当时是中亚主要的高等教育、贸易、艺术和手工业中心。城中的古迹遗址是由两部分建筑群组成，即马克利山顶的建筑和谷地市区内的建筑。坐落于马克利山上的是一个巨大的拥有上千座坟墓和墓碑的墓地，塔塔大墓地瓦尔哈拉占地 364 公顷，内有 50 万个墓穴，是东方最大的墓地。下面的山谷中则是塔塔老城的废墟，它由许多建筑物组成，而其中最享有盛名的建筑物是加迈阿清真寺。另一座著名的清真寺哈米亚也位于这个旧城区，是莫卧儿王朝时期的建筑杰作。

在印度河流域一带，巴基斯坦古城塔塔遗址中所含历史信息资源最富有。巨大的墓地中安置着莫卧儿王朝的王室家族、学者及圣人的墓穴，同样，额而古纳统治者及塔克罕的统治者们的坟墓也在这里。一直到 18 世纪早期，这里都是德里的莫古王国统治所在地。

15 世纪末叶～18 世纪中叶，塔塔城是莫卧儿王朝的宫廷所在地和学术文化中心，后来由于发生了数次的战乱，城市逐渐走向衰败。现在只存留下了坟墓、灵庙和回教寺院，被人们称为"逝去的城市"。

最近修复的沙·贾汗大清真寺是莫卧儿王朝的沙·贾汗 1647 年下令兴建的，由两部分组成：前面是幽雅的林园，有树丛、甬道、喷泉、花圃、草坪；后面的寺院有宏伟壮观的祈祷广场、别具匠心的经房，拱门上饰有藤蔓花纹，几何图样以及流行的花卉图案，上面还错综地写着《古兰经》的经文和铭文。站在壁龛穹顶下轻声呼唤，隔着广阔的祈祷广场，在对面的壁龛穹顶下清晰可闻。塔塔还以巨大的万人冢而著名。

在附近的马克里山上有近百万个坟墓，占地 6 平方公里。墓内埋葬的是各个朝代的帝王、皇后、军事将领、学者和诗人。其中塔塔历代总督的墓地宏伟豪华：墓外围有大理石雕刻的巨柱，上面是石刻的飞檐，正面是大理石砌成的拱门；墓地中间大理石寝殿顶部的 5 个拱形琉璃瓦塔顶，直向云霄；大理石地面正中间是放置在方形洁白大理石台基上的象征性石棺，死者则根据穆斯林习俗深埋地下；台基和石棺上的浮雕花纹精美、细致，显示了莫卧儿王朝的灿烂文化；绚丽多姿的砖瓦结构将位于老城中的加迈阿清真寺建筑物装饰得分外辉煌。

### （七）"帕坦人的巴黎"——塔克特·依·巴以佛都遗址和萨尔·依·巴赫洛古城遗址

塔克特·依·巴以佛都遗址和萨尔·依·巴赫洛古城遗址，坐落于国境西北部的边防城市——马丹镇东北大约 16 公里处，一条由碎石铺就而成的道路将塔克特·依·巴以与巴基斯坦北部的城市——白沙瓦连接起来。

萨尔·依·巴赫古城遗址，是一座建于纪元之初几百年的小城堡；距此不远的小山上耸立着建于 1 世纪的塔克特·依·巴以佛都遗址，山上除佛寺群建筑外，还有一眼山泉，此山也由此得名，塔克特·依·巴以意为"源泉宝座"，本世纪初著名的环球旅行家劳韦尔·托马斯曾把该处喻为"帕坦人的巴黎"，晋朝高僧法显、北魏使者宋云和唐朝高僧玄奘曾至此。

在高达 152 米的高山之巅，坐落着一处古老的佛教修道院的遗迹。这座与白沙瓦相距 80 公里、位于马丹市西北部 16 公里的修道院遗址中已经出现了许多由石头和灰泥雕制而成的雕刻碎片，这也向世人展示出了当时的创造者们所具有的高超的雕刻技艺。而其中最引人注目的一个地方便是其中的一排排小神殿独特的设计风格和排列布局，这些小神殿是环绕着中央佛塔神殿而建立起来的。

这处佛教遗址起源于二三世纪。遗址中有一个规模巨大的长方形庭院，是中心修道院，位于北面，而遗址的南面是一个业已磨平的修道院神殿。

村庄是在古镇的废墟上建立起来的，这些古镇高度地保持了其最初的结构。遗址中迄今依然能发掘出的古币成为佛教徒和印度教徒曾经在这里活动的有力见证。根据一位名叫宋云的中国朝圣者的记载，在通往印度的重要商业路线中，这里似乎是赫赫有名的四座城市之一。

古城极具防御性，建有 4 座大门。北面是一座装饰分外华丽的庙宇，在金质的门扉上装饰着美丽绝伦的石雕。与岩石林立的卡帕得拉峡谷相距不远的地方，阿索卡在城市的外面建造了东大门，这里曾经建有一座佛塔。修道院的北面可能具有双层结构，中间部分是一个开阔的庭院，周围有单人房间、厨房和附属餐厅。西面是两排地下调停室。

### （八）"石雕之城"——塔克西拉考古遗址

塔克西拉古城遗址位于巴基斯坦首都伊斯兰堡西北 30 多公里处的旁遮普省塔克西拉城，是一座建于 2 500 年前的古城。塔克西拉原称塔克哈西拉，梵文意为"石雕之城"，曾是古印度小国犍陀螺的都城，印度史诗《摩诃婆罗多》和佛教典籍《本生经》中对其均有记载。1980年，在这里发现了四五千年前的陶器，这说明这座古城可能是南亚地区人们最早聚居的都市之一。传说，当年唐玄奘西行取经的讲经遗址即在此处。历经波斯、希腊和佛教文明三度冲刷，塔克西拉成为世界驰名的考古遗迹，东西方文明在这里相互融合，从历史烟云的深处，散发出迷人的光华。

公元前 7 世纪，这里已是繁华城市。公元前 5 世纪，古城所在地区成为波斯大流士帝国的一部分。公元前 3 世纪，由于孔雀王朝君主阿育王信奉佛教，塔克西拉进一步发展成为香火鼎盛的佛教圣地和学者云集的佛教、哲学和艺术研究中心。公元前 2 世纪，希腊亚历山大大帝挥师东征至此，古希腊文化随之东来，塔克哈西拉也从此更名为希腊文的"塔克西拉"。从 1 世纪起，塔克西拉成为印度河畔的一座城市，为发展提供了不同的舞台，波斯、希腊和中亚从公元前5世纪～公元2世纪，交替对其产生影响，逐渐成为了佛教中心。其中，古希腊文明影响在此一直延续至公元2世纪古城脱离异族统治为止。对这个"石雕之城"，我国唐代高僧玄奘曾在《大唐西域记》中提及，并将塔克西拉译作"坦叉始罗"。6世纪，玄奘描述当时的塔克西拉是："地称活壤、稼穑殷盛。泉流多，花果茂。气序和畅。崇敬三宝"。我国晋代高僧法显于405～411年也访问过此地。

今天，塔克西拉新城已经发展为巴基斯坦重工业基地，聚居着数十万人口，市井繁华，人声鼎沸。但一来到市郊的旧城遗址，面对城垣毁败后的断壁，一切都宁静下来。空旷的3平方公里范围内，轮廓鲜明的古城遗址仍依稀可辨。旧城垣的残留墙基呈棋盘状纵横排列，其间错落有致地分布着佛塔、庙宇、店铺的遗址。坚固高大的城垣、精巧别致的佛塔、金碧辉煌的寺院庙宇和大量形象逼真的人物浮雕，分布得错落有致，显示了这座城市的昔日盛况。

# 泰姆格里考古景观岩刻 (哈萨克斯坦)

泰姆格里大峡谷位于楚河—伊犁河之间的山脉中。在辽阔的群山环抱中，有一组值得注意的多达 5000 多件的岩石雕刻。创作年代跨越公元前 1000 年到 20 世纪初整整 3000 年。这些作品大多数散布在远古人类居住的建筑和坟墓的遗址上，反映了当地人耕种、社会组织和宗教仪式等情况。另外，在泰姆格里大峡谷中，还拥有大面积的古代墓群。一些矮墙和地基遗址上刻有的繁复雕版画被证明是远古祭坛的遗迹，用于摆放祭品和纪念牺牲的英雄。

在泰姆格里岩刻中，最少得到描绘的是人，而最多刻画的是动物。学者们开始认识到岩石上的图画，作为人类早期的视觉表达，是最重要的人类文字发明以前的记录，它所提供的信息，是重建人类历史的非常重要的资料。由于人类交流有一定的规则性、体系性，它们具有某种"符号

泰姆格里考古景观岩刻

性"。在对这些岩石上的信息进行系统地分析之后，实际上，大多数岩刻艺术都可以归纳为几个有限的内容，那就是3个主题和5种题材。

几乎所有的史前岩刻都集中在5个基本的主题：性、食物与土地。虽然时间在流失，年代在推移，人类主要考虑的问题，几万年来似乎并没有很多改变。

至于岩刻视觉表达的内容，则有以下5种主要的题材：①动物形；②拟人形；③建筑和地形；④工具和物件；⑤几何图形和图形字母。但是这五种题材，各自所占的数量和比重是不同的。当人们从事狩猎时期，岩刻的题材是动物和符号。拟人形这个题材相对来说要少些。作品数量，以及在画面所占位置的重要性，都以动物形为最。而反映地形和建筑的岩刻极少，有时还辨别不清，似是而非。工具和武器亦是如此。几何形和符号是属于抽象的表意的图形，在各地岩刻点都有发现，并且又常与其他图形联系在一起。待到复杂经济与农耕发展之后，动物的图形在画面上就不那么重要了。

岩刻的数量是如此巨大，它以视觉形式表达出来的意义也是极其丰富，它描绘出人类经济活动和社会生活的各个方面。最古老的岩刻都体现了人类抽象、综合和想象的才能，也反映了早期人类的活动、观念、信仰和实践。并且它对现代的人们认识早期人类的精神生活和文化样式，提供了无比丰富的资料。岩刻不仅代表着人类早期的艺术创造力，而且也包含着人类迁徙的最早证明，它成为人类遗产中最有普遍意义的一个方面。事实上，这些远古的岩刻艺术，已成为原始时代的百科全书。

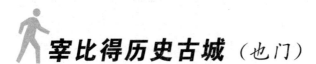
# 宰比得历史古城（也门）

　　宰比得位于沿红海的狭长、炎热的提哈迈平原。离海岸 25 公里，而且距高原较近，它在连接荷台达港与塔伊兹城海拔较高的道路边。在更大范围内说，它过去坐落于亚丁——麦加的路线上，是印度与麦加间通道的一部分。宰比得拥有著名的大学（伊斯兰大学），并且是也门的政治和贸易中心。

　　宰比得在 7 世纪就已存在，那时是先知穆罕默德生活的时代，穆

宰比得历史古城

斯林力量在提哈迈平原已经建立。伊本·齐亚德——齐亚德王朝(818～1018)的建立者,把宰比得作为首都。他修建了防御工事并构造了运河系统。他的后代建立了大清真寺并扩建了较早的阿萨清真寺。在两次破坏和重建后,城市到纳贾王朝(1021～1156)和马赫迪王朝(1159～1173)时遭受了更进一步的损坏。它的防御工事与宫殿被破坏,而且面积也减少了。1228～1454年统治提哈迈平原和南也门的阿苏勒王朝,是该国在古代与中世纪最繁荣的时期。宰比得再次成为政治和文化中心。其大学的影响遍及伊斯兰世界,而且跨越了印度洋。与他们之前的统治者阿尤比一样,阿苏勒王朝也是建设者,他们建筑了清真寺、伊斯兰学校、喷泉和道路。这个时期的建筑遗址几乎未保存下来,在宰比得,仅有法蒂尼亚伊斯兰学校保留了下来。宰比得的衰落开始于塔希尔王朝统治时期(1454～1517),特别是在第一次奥斯曼征服时期(1545～1638)。

宰比得的街道与小巷网,占地135公顷,被包围在一个椭圆形的防御工事墙内,仍然是按照其非常早的规划组织的。较宽的街道,其形状几乎是环形的,似乎是较早的城墙路线的重造。城堡、大清真寺和阿萨清真寺组成了城市景观的主要焦点。烤硬的覆盖着白色的刷墙粉的砖块是组成这个均匀的建筑整体的主要物质。它为装饰建筑的几何学的图画和书法提供了良好的支持,特别是在许多宗教建筑上,包括86座清真寺和伊斯兰学校。院子房间是城市的家庭建筑的基本要素,也包括有茅草屋顶的泥砖房屋。这种建筑风格,在宰比得以其最完美的形式出现,在提哈迈平原随处可见。

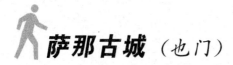

# 萨那古城（也门）

萨那古城位于阿拉伯半岛西南端，坐落在海拔 2300 米的丰饶盆地中，同时又处在穿越也门山脉的主要交通线上，与非洲之角遥相呼应。红海与印度洋在此处汇聚在一起，这一区域是古代阿拉伯人生活的心脏地区，公元 2 世纪即已存在。历史上的萨那古城是宗教和贸易中心，现为也门的首都。

自公元 628 年起，伊斯兰势力逐渐渗透到阿拉伯半岛南部。萨那成为伊斯兰教义在利比亚到伊拉克之间广大地区的主要传播中心。630 年古丹宫西侧盖建起了大清真寺。公元 8～9 世纪，巴格达的阿巴斯德统治期间，萨那北部建立了一座王宫。

萨那古城的楼堂屋宇用石头垒砌而成，其中青石、白石、黄石占大多数，庄严而又稳固。萨那古城清晰可辨的住宅塔楼和古清真寺巨人的穹顶、挺拔的宣礼尖塔，掩映着环绕在周围的碧绿的群山，组合成完美的整体，远远望去，宛若仙境。萨那最醒目的建筑是大清真寺，建于公元 7 世纪，据说是用从霍姆丹宫拆下的材料建成。清真寺塔尖高耸入云，十分宏伟壮观。

萨那古城建筑风格独特，城内的住宅一般都是传统塔楼式，建筑材料一般也采用青石、白石或红石。石墙上雕刻着精美的图案和花纹。窗户的上半部为圆拱形，用窗棱装饰出多种图案，镶嵌着彩色玻璃窗。多层住宅一般是富裕人家，层数越多，表明主人的身份越高。最高的住宅有 9 层。

萨那市内星罗棋布
的街道是按公私不同用
途区分的，从城门到住
宅街门，从主要街道到
集市，这种分类避免了
城市规划的杂乱无章。
另外还有许多花园与城
市融为一体。城墙环绕
着一块神圣不可侵犯的
地方。各种各样的建筑
材料——石头、砖、土
坯、大理石、彩色玻璃

萨那古城

——将不同的材料缝隙、颜色、纹理和谐地同时显现出来。塔楼式的住
宅，悦目的褐色墙面以及粉刷其上的耀眼白色，与清真寺的尖塔和圆形
穹顶相映生辉。

萨那古城提供了一种建筑风格总体一致的典范，其设计和各个细节
反映了具有伊斯兰早期空间特色的一种有序结构，这种结构随时光流逝
而日渐珍贵，符合世界文化遗产遴选标准 C（Ⅳ）：可作为一种建筑或
建筑群或景观的杰出范例，展示出人类历史上一个（或几个）重要阶
段。作为极易损坏的同时期社会变迁遗物，萨那房舍已经成为经典的、
独一无二的传统人类活动文化遗产，符合世界文化遗产遴选标准 C
（Ⅴ）：可作为传统的人类居住地或使用地的杰出范例，代表一种（或几
种）文化，尤其在不可逆转之变化的影响下变得易于损坏。萨那古城又
是回历初年伊斯兰教义四处传播最直接、最实际的见证，符合世界文化
遗产遴选标准 C（Ⅵ）：与具特殊普遍意义的事件或现行传统或思想或
信仰或文学艺术作品有直接或实质的联系。

·走进世界著名遗址·

# 希巴姆古城（也门）

希巴姆建立于公元 3 世纪，位于鲁卜哈利沙漠南部边缘的繁忙商旅通道上。古城呈长方形，东西长约 500 米，南北宽约 400 米，被城墙环绕。古城突出耸立于哈德拉毛河谷旁边的小山丘上，数道季节河交汇于此，其中主要的季节河——哈德拉毛河在这儿逐渐狭窄，希巴姆古城三

希巴姆古城

面映掩在茂密的棕榈树林之中。历史上希巴姆以采矿业著名，是商队驿站镇和行政中心。

16世纪的希巴姆城堡被军事防御墙环绕，是基于垂直建筑规则建造的最古老，最杰出的都市规划典范之一。在悬崖上的这座塔状建筑给人印象深刻，由此这座城市得名"沙漠中的曼哈坦鸡尾酒"。

希巴姆所处的哈德拉毛河谷，是阿拉伯半岛干涸河谷中面积最大的，它长160公里，平均宽2公里，暴雨一来，洪水泛滥。1298年和1532年，希巴姆两遭洪水灭顶之灾。希巴姆的街道和现有的建筑都重新修建于大洪水之后。

希巴姆东部城堡围墙中的房屋布局借鉴了穆斯林的城市风格。无论是相邻住户还是街区之间，街道都是蜿蜒曲折的，因此尽管市区方圆不过1公里，却无法取得通览全城的视角。而曲折的街道增大了视线障碍，各栋房屋彼此遮挡。高耸的建筑密集地排列在山上，可以更有效地抵御洪水。东部的500多座房屋从沙漠中拔地而起，涂上白色灰泥的房顶可以抵挡雨水冲刷。房屋自上而下逐渐加宽，墙脚也涂有防渗水的涂料。狭窄封闭的房屋正面从5层直到9层装饰着木门和其他装饰，部分装饰是12世纪的遗物。所有这些迷人的建筑，大部分可以追溯到16世纪。居住其间的7000居民享有5座清真寺，其中一座建于8世纪。该城的星期五清真寺的历史最悠久，是哈罗恩·阿尔·拉希德哈利发在位时的建筑，建于公元904年。寺院的西北角内墙是用烧制砖砌成的，在希巴姆极为罕见。另一座古老的清真寺是阿尔·坎哈清真寺。最早的房屋建于16世纪中叶，以丰富美丽的装饰引人注目。

# 埃及金字塔（埃及）

埃及金字塔是埃及古代奴隶社会的方锥形帝王陵墓，世界八大建筑奇迹之一。其数量众多，分布广泛，开罗西南尼罗河西古城孟菲斯一带最为集中。

埃及共发现金字塔96座，最大的是开罗郊区吉萨的3座金字塔。金字塔是古埃及国王为自己修建的陵墓。大金字塔是第四王朝第二个国王胡夫的陵墓，建于公元前2690年左右，原高146.5米，因年久风化，顶端剥落10米，现高136.5米；底座每边长230多米，三角面斜度51度，塔底面积5.29万平方米；塔身由230万块石头砌成，每块石头平均重2.5吨。据说，10万人用了30年的时间才得以建成。该金字塔内部的通道对外开放，该通道设计精巧，计算精密，令世人赞叹。

第二座金字塔是胡夫的儿子哈佛拉国王的陵墓，建于公元前2650年，比前者低3米，现高为133.5米。但建筑形式更加完美壮观，塔前建有庙宇等附属建筑和著名的狮身人面像。

狮身人面像的面部参照哈佛拉，身体为狮子，高22米，长57米，雕像的一个耳朵就有2米高。整个雕像除狮爪外，全部由一块天然岩石雕成。由于石质疏松，且经历了4000多年的岁月，整个雕像风化严重。另外面部严重破损，有人说是马姆鲁克把它当作靶子练习射击所致，也有人说是18世纪拿破仑入侵埃及时炮击留下的痕迹。

第三座金字塔属胡夫的孙子门卡乌拉国王，建于公元前2600年左右。当时正值第四王朝衰落时期，金字塔的建筑也开始被腐蚀。门卡乌拉金字塔的高度突然降低到 66 米，内部结构倒塌。三座金字塔石块，可在法国国境四周建造一道高 3 米，厚 0.3 米的围墙。金字塔的斜度都是 52°，每一石块密密相连，休想找到缝隙，连刀尖也都插不进，不得不佩服古埃及的度量及工程等一些技术。

埃及金字塔

　　胡夫金字塔南侧有著名的太阳船博物馆，胡夫的儿子当年用太阳船把胡夫的木乃伊运到金字塔安葬，然后将船拆开埋于地下。该馆是在出土太阳船的原址上修建的。船体为纯木结构，用绳索捆绑而成。

# 阿布辛拜勒神庙（埃及）

埃及的阿布辛拜勒神庙真正称得上是伟大的世界奇迹。令人惊叹的不仅在于如此宏伟的建筑是在没有任何机械帮助的条件下建造而成的，而且还在于它的湮没、发现和搬迁的整个过程。

阿布辛拜勒神庙

它是一处位于埃及亚斯文西南 290 公里的远古文化遗址。它坐落于纳赛湖西岸，由两座岩石雕刻而成的巨型神庙组成，阿布辛拜勒和它下游至菲莱岛的许多遗迹一起作为努比亚人遗址，被联合国教科文组织指定为世界遗产。

两座神庙矗立在尼罗河边，是从山崖石壁中开凿出来的。神庙建于公元前 1290～前 1224 年，埃及法老拉美西斯二世在位的时期。

最大的一座神庙伸进出山崖 55 米，附近拉美西斯的妻子尼菲拉丽较小的神庙外，有 6 尊挺立的雕像，其中 4 尊是拉美西斯，2 尊是尼菲拉丽，每尊都高达 10 米。

神庙内有精心雕刻出的一尊尊雕像，墙壁和天顶上饰有色彩鲜明的浮雕图案。1813 年神庙还无人知晓，因为它们被埋在沙里。1817 年神庙被发掘出来，此后便一直是旅游者向往的胜地。

阿布辛拜勒主庙由 4 尊高 20 米的埃及法老拉美西斯二世的雕像护卫着。

令人难以置信的是这两座巨大的神庙在 1965 年～1969 年被搬迁了，因为建造阿斯旺高坝而形成的纳赛尔湖将淹没神庙。当时抢时间将石体建筑的神庙编号切成 1000 多块，然后小心翼翼地将它搬运到更高的地方。在那里，这些石块按原样重新拼装，就像一幅巨大的七巧板，只是这次借助了机器的帮忙，是世界文物建筑保护方式的成功尝试。

# 底比斯古城（埃及）

古城底比斯是古埃及中世纪和新王朝时代的首都，是供奉阿蒙神之城。凯尔奈克和卢克索的神庙和宫殿，国王陵墓谷地和王后陵墓谷地都是著名的遗迹。底比斯城是古埃及高度文明的历史见证。

古城底比斯位于埃及南部的尼罗河畔，是古埃及帝国中世纪和新王朝时代（约公元前2040～1085年）的首都，迄今为止已有四五千年的悠久历史，是世界上屈指可数的最古老的都城之一。

凯尔奈克神庙和卢克索神庙是古埃及建筑艺术上两块璀璨的瑰宝。两庙南北相峙，相距约2公里。

凯尔奈克神庙由许多庙宇组成，是当今世上现存的神庙群中规模最大的一个，占地面积达32.37公顷，其中的主体建筑物是用来供奉底比斯主神——太阳神阿蒙的大庙。该庙始建于3000多年前的十七王朝，在以后长达1300多年的时间中，经历了不断的增建。神庙有10重巍峨的门楼，3座雄伟的大殿。庙内最蔚为壮观、令人感叹不已的是一座密林似的柱厅，矗立着纵横排列整齐的136根6人才能合抱的参天巨柱，每根高21米，柱顶的圆盘据说可站立100人。石柱和殿堂墙垣上刻有生动精致的浮雕和色彩鲜艳的彩绘，记载着神和人的生动故事。庙内还有闻名遐迩的方尖碑和许多法老后妃的塑像。

卢克索神庙是底比斯主神阿蒙的妻子穆特的庙宇，规模与建筑物仅次于凯尔奈克神庙，但建筑同样雄伟壮观。公元前14世纪神庙建成，献给阿蒙神。公元初期，神庙曾经被改建为教堂。神庙包括一个围有列柱廊的庭院和一个大厅与侧殿。大厅东面是一个小型礼拜堂，墙壁上刻有穆特穆伊亚女王和阿蒙太阳神象征性结婚及降生王子的浮雕。神庙北部入口处是雄伟壮观的柱廊，共有 14 根近 16 米高的石柱。公元前 13 世纪，古埃及法老拉美西斯在神庙围墙外又增建了一个庭院，在其柱廊的柱子之间安放了法老的雕像。法老还修建了一个塔门，门上有描绘当时的节日盛况以及他在叙利亚作战情景的浮雕。

尼罗河西岸群山是古埃及帝王后妃和达官贵族墓葬集中之地。这些墓穴依山开凿，"国王谷"的法老墓室有的洞穴入地下 100 多米，墓道起伏曲折，左右各有厅事、墙壁和拱形的天花板绘着彩色壁画并

底比斯古城墓地

配有文字。有各种动物形状的神明肖像，也有古代耕耘、狩猎情景、宫廷欢乐歌舞的场面。尤其以贵族塞瑙法尔墓的壁画，保存最为完整。这些壁画反映了古代埃及人生活和信仰，有极高的历史价值。

希腊大诗人荷马曾赞誉底比斯为"百门之城"。公元前约 2040～前 1991 年的十一王朝时期底比斯第一次成为全埃及的首都，大兴土木、广建神庙是底比斯辉煌时代的突出特征。

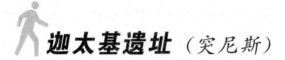

# 迦太基遗址（突尼斯）

迦太基古城遗址，位于突尼斯首都突尼斯城东北17公里处。1979年联合国教科文组织将迦太基古城遗址作为文化遗产，列入《世界遗产名录》。

迎太基人精于航海。迦太基古城近来发现了2个迦太基时期的军港，其中的一个有大船坞，能容纳200多艘船只。

迦太基古城位于首都突尼斯城东北18公里处，"迦太基"在腓尼基语中意为"新的城市"。据文字记载，迦太基古城建于公元前9世纪末期。城市兴建后，国力逐渐强盛，版图不断扩大，成为当时地中海地区政治、经济、商业和农业中心之一。腓尼基

迦太基遗址一角

人的强盛与罗马帝国发生了直接的冲突是在第三次布匿战争中，腓尼基人被罗马人击败。按照罗马元老院的坚决主张，迦太基被罗马军队夷为平地。公元前122年罗马又在这里重建城市，并使其发展为仅次于罗马

城的第二大城。公元 698 年，它被阿拉伯军队彻底毁灭。

　　迦太基古城最古老部分位于紧靠海岸的比尔萨山下，是迦太基城的中心。比尔萨山最南部为迦太基生殖女神塔甩特的圣殿。最南端是和萨山拉姆堡商港。比尔萨山上曾建造坚固的防御工事，城墙长达 34 公里，高 13 米，宽 8 米，每隔 60 米就设一座了望塔。通过发掘，除宫殿、住宅等建筑依稀可辨之外，还发现了一批石棺和随葬品以及拜占庭时代的宫殿遗址。

　　迦太基古城罗马时代的遗迹残存较多。罗马人在比尔萨山上建有大神庙，露天柱廊上则保存有罗马在迦太基最杰出的胜利神和丰收神的雕像。著名的公共浴场则是在公元 145～162 年间罗马里帝安东尼时期建成的，是古罗马的第四大浴场。从基部残存的柱石、断墙、拱门可隐约看出两边对称排列的一间间浴室，浴室有更衣室、冷水室、温水室、蒸汽浴室、按摩室、健身房等。浴场用水则从远处的山泉通过 60 公里长的引水渡槽引来。渡槽高 6～20 米，至今仍遗存数段渡槽和支架。

　　住宅区也保存有雕刻精美的石柱，上面饰有人像、狮头、马身等。在数处庭院的地面上，有 2000 多年前用各种颜色小石块拼成的镶嵌画，残存部分的色泽依然绚丽华美。画面的内容有马、少年捕鸭、生动的鹿等，这些都显示了罗马时期迦太基镶嵌画的成就。罗马时期修建的迦太基古城同其他罗马城市一样，有圆形剧场和椭圆竞技场。剧场分成 3 个部分，各用栅栏隔开，乐队席后都有 5 个人台阶，舞台前面都着几个壁龛。后墙有 3 个门，舞台两侧的门直通场外的柱廊。舞台对面是平圆形石看台，共 21 级。椭圆形竞技场也相当大，可容纳 5 万多观众。迦太基被毁后，这里成为采石场，建筑材料被移作他用，只留下了建筑遗址。

# 阿克苏姆古城堡（埃塞俄比亚）

阿克苏姆王国遗址位于埃塞俄比亚北部的提格雷地区，这里曾是古埃塞俄比亚的中心。这座规模宏大的阿克苏姆古王国的首都遗址到处可见方尖碑及大理石碑，1979 年被列入世界遗产名录。

公元 1 世纪，阿克苏姆王国在此定都，因此被后人称为埃塞俄比亚的"基石"和"城市之母"。3 世纪初，阿克苏姆城和阿克苏姆王国名噪一时，当时的希腊诗人摩尼称这个埃塞俄比亚古王国是当时"世界第三大王国"。城内许多古迹都是这个伟大历史时期的见证。在诸多古迹中，大石碑显得格外突出。此外还有巨大的石桌、

阿克苏姆遗址石碑

石凳、残破的石柱及一座座王陵，表明这个古老的王国有着辉煌的历史。

在城西保存着 3 座巨型建筑物的地基，它们是公元 1000 年修建的古城堡的废墟，其中最大的城堡长 120 米、宽 85 米，其他一些废墟仍埋在麦延—蒂松大教堂和卡莱卜陵园的地下。18 世纪建成的麦延—蒂松大教堂是埃塞俄比亚古代建筑风格极为重要的见证。在阿克苏姆城的地下，还有各种雕刻、古陶器、陵墓、货币以及石刻等大量的文物古迹，目前出土的不过是其中的一小部分。

阿克苏姆考古遗址，位于埃塞俄比亚北部，是非洲阿克苏姆文明的发源地，遗址上现存的一块方尖碑高达 33 米，是有史以来人类树立起来的最高的石碑。

# 拉里贝拉石凿教堂（埃塞俄比亚）

公元 12 世纪末至 13 世纪初，统治罗哈一带的拉里贝拉国王控制着今埃塞俄比亚北部和周围的广大地区。倚仗强大的国力，这位笃信基督教的国王集中 5000 名工匠，花了 30 年时间，凿成这批教堂。1221 年拉里贝拉去世，他的遗体就葬在其中的戈尔戈特教堂。现在覆盖在这片教堂上的屋顶和脚手架，是为了使这些有 800 多年历史的世界文化遗产不再受到风沙烈日的侵袭。现在每座教堂都有专人看护，教堂内部不允许用闪光灯摄影，部分区域不对游人开放，尽量避免人为的破坏。要知道这些教堂直到 1977 年，还沉睡

拉里贝拉石凿教堂

在海拔 2600 米的高山荒莽之中，不为外界所知。或许正因为如此，它们才能够保存至今。

拉里贝拉一带覆盖着很厚的火山岩，这些教堂按地形地势，集中分布在 3 处。同一处的教堂之间都有地道、深沟或岩洞连通，形成一个整体。从它们的形状、结构和周围的地貌观察，都是先选择合适的岩石凿成整体，然后再凿其内部结构的。因此这些教堂的每一部分，除了木料大门外，都与整座山岩连成一体。这些教堂与其说是建筑物，不如说是鬼斧神工的巨型工艺品，并不因为材料的单纯而显得呆板。如果说阿莱姆教堂是以大取胜的话，其他教堂就各有千秋。就在它不远的一处山坡上，你可以看到一个立体的十字架，穿着白衣的教徒正围着它祈祷。走近时你会发现，这是一座深入地下 20 多米的十字形圣·乔治教堂，远处看到的只是它的屋顶。它与四周由深沟分隔，并且有地道连接其他教堂，有通道进入旁边的山村。埃曼纽尔教堂被称为"红色教堂"或"红墙"，因为它的外墙都是红色的火山岩，而这些岩石又被雕琢得像木材一般，可以看到线条分明的横梁和门框。玛利亚教堂内部的装饰更加精美，天花板和拱券都以浮雕和彩色组成形态各异的图案。那座双子教堂从外面看连成一体，进入内部后却发现是两个结构不同的大堂，中间有地道相连。每座教堂旁都有排水沟，有的还有水井。

当年拉里贝拉国王动用如此大的人力物力，造就如此奇迹，固然是出于宗教虔诚，但也是天时、地利使然，既为形势所迫，也充分利用了地理环境。

从公元 7 世纪后，阿拉伯人大规模扩张，伊斯兰教的影响逐渐遍及西亚、北非，并向南渗透，处于今埃塞俄比亚北部一带的基督教徒受到极大的威胁，他们与基督教世界的联系被隔断，朝圣活动被迫中止。为了保持自己的宗教信仰，也为了生存，一些教徒只能将教堂迁往高山之巅或岩洞之中，往往只能靠绳索攀登，由地道连通。拉里贝拉教堂群的建造正是适应了这样的需要，无论是教堂的构造和相互间的联系都反映了防卫的考虑。当我们沿着一条 20 米长的地道来到一处出口时，前面还有一段地道可以进入一座教堂内部，但那段地道的两端都可以关闭，显然是为了确保安全。另一方面，这一带缺乏适用的木材，却到处覆盖着厚实的火山岩。否则，拉里贝拉以同样的人力、物力完全可以建造更大、更多、更壮观的教堂。而如果这里不是火山岩，或者火山岩已经风化破碎，或者是坚硬致密的花岗岩，拉里贝拉就只能望山兴叹。从这一意义上说，这一非洲奇迹是自然和人类共同创造的，也是这一段历史的忠实记录。

# 贝宁古城（尼日利亚）

尼日利亚历史名城贝宁城始建于公元9世纪，曾经是古代西非强大的贝宁王国的京城，是当时非洲发达的经济和文化中心，前后持续800年时间。贝宁王国是中世纪的一个非洲人王国，著名的非洲古老文化之一的贝宁文化便产生在这里。贝宁文化在世界文化史上享有很高的地位，有人认为可以同意大利文艺复兴时期的青铜艺术品相媲美。贝宁文

贝宁古城遗址

化的杰出代表除青铜雕刻外，还有象牙雕刻、木雕等。贝宁城还以传统的铜器制造业而闻名，其原因是公元 15 世纪同欧洲的贸易往来频繁，不断从欧洲进口金属。1897 年，英国殖民者入侵这里，城市遭到很大破坏。尼日利亚独立以来，贝宁城得到恢复和发展，成为尼日利亚南部工商业和文化中心之一，且依然保留着浓厚的历史古城风貌。

　　贝宁城内名胜古迹众多，最著名的是古老的贝宁王宫。贝宁王宫又称奥巴宫，始建于公元 10 世纪左右，迄今保存完好。王宫建筑风格独特，高大的宫殿和众多的宝塔组成和谐的建筑群体。宫殿大厅的梁柱和回廊上装饰有青铜雕像和浮雕，其内容多为描述战争场面和狩猎情景。宫内还有圣殿和神龛等。那些宝塔的顶端有大鹏展翅状的青铜制品。王宫四周以红色围墙环绕，围墙上有众多的浮雕，其内容多为描绘重大的历史事件，精雕细刻的人物形象逼真。王宫的大门采用橡木板镶嵌而成，庄严高大，坚固实用。贝宁王宫已成为古代贝宁王国的重要遗址，具有极高的历史文化价值。

# 卡斯巴哈老城（阿尔及利亚）

从空中俯瞰地中海海岛，有一座建于公元前 4 世纪的迦太基贸易驿站，这就是卡斯巴哈。卡斯巴哈是典型的麦地那式或伊斯兰式的城市，是地中海最杰出的海岸景观之一。这是一处促使人们回顾历史的地方。它保留了城堡、古代寺院和奥斯曼宫殿，同时保留了传统的城市建筑以及根深蒂固的民族观念。

阿尔及尔的卡斯巴哈建在陡峭的斜坡上（118 米高）紧挨着布扎里山，坐落在富饶的米蒂贾平原附近，面对着海湾的港口与地中海。阿尔及尔的卡斯巴哈建立于公元前 6 世纪。历史上主要起军事与贸易职能，现为阿尔及利亚的首都。

## （一）城市历史

现在的阿尔及尔的位置被伊科西姆人占据着，先后是腓尼基和伊科锡温的贸易基地，公元 1 世纪毛里塔尼亚皇帝占领了这里。

继 5 世纪被汪达尔人征服之后，6 世纪毛里塔尼亚又落入拜占庭人的统治下。后来阿拉伯人于公元 994 年夺回了这里，并且在罗马城市的遗址上建立了一个新的城市。到了 15 世纪，阿尔及尔的历史又与马格里布王朝的战争联系在了一起。

1529 年，巴伯路斯兄弟控制了佩尼翁要塞，从而结束了西班牙对阿尔及尔周围岛屿的占领，从那时起阿尔及尔扩展到了海边。阿尔及尔被奥斯曼土耳其帝国的统治者确定为首府城市，并且建起了城堡和防御

卡斯巴哈老城城堡

城墙。

17、18 世纪，作为奥斯曼土耳其帝国在西地中海的前哨，阿尔及尔这个防御型的城市也成了野蛮的海盗们的藏身处。在这种军事和贸易活动的刺激下，阿尔及尔的经济空前繁荣。

1716 年，一场大地震摧毁了麦地那的大部分建筑，后来又逐渐重建了起来。1830 年被法国占领后，阿尔及尔老城经历了大规模的改造，这使得从土耳其时代就形成了的城市结构彻底改变了。

**（二）城市风貌**

卡斯巴哈（用于老城整体的一个专有名词）占据着城堡之间的三角地带，建在小山的顶上，靠近海边。错综复杂的街道和小路组成了一个严密的"网络"，地势略显倾斜，因此这个"网络"中还夹杂着一段一段的楼梯，整个城市都被这个网络覆盖着。不过，在城市的广场处这个"网络"是空的，如谢克·贝恩·巴底斯广场，这里是老城的中心。

在阿尔及尔的卡斯巴哈中,土耳其的军事建筑与摩尔人的建筑传统还有地中海阿拉伯建筑风格融为一体。沿着山势而建的那些房顶带有阳台的白房子组成了一幅拥挤、混乱的图景。许多主要纪念性建筑都使用木雕和陶器装饰房屋,并带有花园与喷泉,由于这些建筑的亮丽使得它们在整个市容中显得十分突出。这些建筑包括大清真寺(11～14 世纪)、西迪·阿卜·德·拉曼清真寺(18 世纪)、凯乔娃清真寺(18～19 世纪)等在内。

阿尔及尔的卡斯巴哈是一种建筑或者建筑组合的典型,它除了是一个具有重要意义的历史时期的关键见证外,也是传统人类定居点的很好例证,它表现了一种在不可抗拒的外部力量的冲击下变得脆弱的文化。

本篇简介 **B**enpian **B**jianjie　　高达 13.5 米的宙斯像，是由希腊雕刻家斐迪亚斯用象牙雕刻而成的，用黄金做成袍饰。

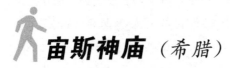

# 宙斯神庙 *（希腊）*

　　建于公元前 457 年的宙斯神庙如今也只剩下了吉光片羽。巨大而苍老的石头峥嵘地立于大地之上，任凭风雨的侵蚀，默默地诉说着神庙那永远沉寂的历史。高达 13.5 米的宙斯像被史学家认为是"世界七大奇观"之一，这座装饰华丽的雕像，是由希腊雕刻家斐迪亚斯用象牙雕刻

宙斯神殿

而成的，坐落在台阶之上，用黄金做成袍饰。宙斯头顶花冠，右手持胜利女神，左手持笏。宙斯神殿的艺术精华是东西山墙上的人物雕像。西山墙的雕像内容取材于希腊神话肯陶洛斯人抢婚的故事，故事大意是拉比泰人国王皮利托斯与美丽的希波达米娅举行婚礼，被国王请来的客人有半人半马的肯陶洛斯人，肯陶洛斯人在婚宴上酒后乱性，企图抢走新娘，因而引起一场厮杀。这组雕像有 21 个人物，其中肯陶洛斯人抢新娘的雕像，姿态极其生动，新娘被掠夺时的惊恐神态及挣扎的躯体十分逼真。这些雕像现收藏在奥林匹亚博物馆。如今在残垣断壁间仍然蕴含着一种灰白的朴素和由高大而产生的崇高感。只有大规模的建筑，才能代表至高无上的尊严和威仪。与众神之王相对应的，就是这惊世的建筑。

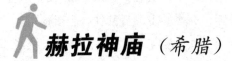

# 赫拉神庙 *(希腊)*

赫拉神庙规模不大，里面供奉着女神赫拉像。它是奥林匹亚遗址中现存最古老的建筑，建于公元前600年左右。在神庙的祭坛旁，是现代奥林匹克大会圣火点燃仪式的举行地点。奥林匹亚的考古遗迹中的许多建筑和设施，都是为体育比赛修建的。位于原来的宙斯庙附近的运动场，是世界上现存最古老的运动场。运动场旧址和周围的许多建筑因长期遭受泥土的堆积，现在都被埋藏于5～7米厚的泥土下面。发掘后的运动场，曾在公元前4世纪得到扩建。它坐落在长满橄榄树、柏树、桂树的丘陵地带，长200米、宽175米。而现今仍保留完好的则是石制看台的一侧，这里还能依稀看见原来由石灰石铺成的起跑点，周围建筑物的石柱直径都在2米开外。站在看台高处往下看，只见层层石阶，好似涟漪层层的水面。古希腊青年早在公元前1000年前后，就在这里进行竞技。

赫拉神殿

# 古奥林匹亚体育场（希腊）

　　古奥林匹亚体育场毁于战火与风雨，自 18 世纪始，一批又一批的学者接连不断地来到奥林匹亚考察和寻找古代奥运会遗址。

　　1936 年第 11 届奥运会后，因有部分余款，国际奥委会决定用这笔款项继续对奥林匹亚遗址进行发掘，发现并复原了体育场。

古奥林匹亚体育场

古奥林匹亚体育场四周有大片坡形看台，西侧设有运动员和裁判员入场口，场内跑道长 210 米，宽 32 米。它与附近的演武场、司祭人宿舍、宾馆、会议大厅、圣火坛和其他用房等共同构成了竞技会的庞大建筑群。现遗址上建有奥林匹克考古学博物馆，馆内藏有发掘出土的文物，包括大量古代奥运会的比赛器材和古希腊武器甲胄等。

古代奥运会期间，来到这里参加比赛的运动员必须符合以下条件：男性、希腊人、自由人、婚生子、没有任何犯罪记录等等。

这一古老的规定被第 28 届夏季奥运会打破。2004 年 8 月 18 日，第 28 届夏季奥运会田径的男女铅球比赛在希腊奥林匹亚古奥林匹克运动场举行。这标志着近 3000 年来女性首次在这片神圣的场地上参加比赛。

对于每一个和奥林匹克运动有关的人来说，到希腊奥林匹亚山去朝圣成为终生的一种信念和梦想。就像穆斯林到麦加去朝圣先知穆罕默德。这种朝圣是一次洗礼，圣贤先哲通过古代奥林匹克运动，告诉你奥运会之所以历经数千年而不衰的秘密。

暮色苍茫中的奥林匹亚山矗立不语，它深邃的目光穿透历史的烟云注视着今天的奥林匹克人。无论历史烽烟如何变幻，奥林匹克精神都将永存。

奥林匹亚是希腊的圣地，它把健康的理念纳入文明，并被全人类接受和延续着。奥林匹亚这个词成了竞争、体育、斗志等重要概念的同义词，成了世界精神文化的重要遗产。而古希腊文明正是由于有着力量、美、理性的三驾马车，才得以在人类文明史上纵横驰骋。

# 巴特农神庙（希腊）

　　巴特农神庙位于雅典老城区卫城中心，建于公元前 447～前 438 年，由名建筑师与雕刻师菲迪亚斯承担设计。巴特农神庙是多立克式建筑艺术的登峰造极之作，有"希腊国宝"之称。

　　神庙外部呈长方形，长 69.49 米，宽 30.78 米，有 46 根多立克式环列圆柱构成柱廊。其额枋、檐口、屋檐多处饰有镀金青铜盾牌、各种

巴特农神殿

纹饰和珍禽异卉等装饰性雕塑；由92块白色大理石饰板装饰而成的中楣饰带，有描述希腊神话内容的连环浮雕；东西庙顶的人字墙上，刻有一组浮座乘4马金车在天空奔驰的太阳神赫利俄斯、侧身躺卧的酒神狄俄尼索斯和驾银车遨游太空的月神塞勒涅的浮雕以及描写万神之王宙斯请火神赫淮斯托斯劈开他的脑袋，雅典娜全身披甲从中跃出。神庙主体建筑为两个大厅，两旁各倚一座有6根多立克圆柱的门厅，东边门厅通向内殿，殿内供奉着巨大的雅典娜女神，神像设计灵巧，可搬动、转移或隐蔽。

巴特农神殿可谓历经沧桑，几经磨难。公元1687年威尼斯军队炮轰城堡，庙内内殿、殿墙等建筑夷为瓦砾。18世纪下半叶开始了欧洲列强来此盗运、抢夺文物，现有不少原属神庙的古物都散失。

# 埃皮达鲁斯考古遗址 *（希腊）*

埃皮达鲁斯考古遗址在伯罗奔尼撒半岛的一个小山谷里。在公元前6世纪，阿斯克勒庇俄斯医药神的祭仪首先从那里开始。但是，主要的纪念物，特别是戏场从4世纪就被认为是最完美的希腊建筑之一。这个巨大的遗址是希腊和罗马时代祈祷康复的贡物，是献给上帝的寺庙和医院。

埃皮达鲁斯遗址毗邻萨洛尼卡湾西南岸。这里曾经是古希腊的一个非常活跃的城邦，其边界与科林斯和阿尔戈斯相连。是公元前480～前479年的希腊与波斯之间的战争中希腊联盟的成员之一，也是公元前431～前404年波罗奔尼撒战争中斯巴达的同盟。公元前243年，加入希腊南部古国——亚该亚联盟，至今保留的碑铭上，记载着公元前1146年罗马人在科林斯与亚该亚人作战时，埃皮达鲁斯人的死亡名单。当时这里是宗教、医疗中心和矿泉区。在公元前6世纪，阿斯克勒庇俄斯医药神的祭仪首先从那里开始，这处遗址也因此而扬名中外。有供信徒治疗疾病使用的庙宇与柱廊建筑，还有供从事医生职务的僧侣用房，病人医院，慢性病疗养院，以及供健康人居住与活动的旅馆与娱乐场所。

阿斯克勒庇俄斯神庙建于公元前420年，是一多立斯列柱式结构，长约24.38米。庙内曾有用黄金与象牙雕塑成的巨大神像以及其他雕塑品。据说阿斯克勒庇俄斯的医术是通过病人睡在圣廊里做梦时，传送到病人身上进行治病的。在神庙西边，有两处连成一列长 70.71 米的东西回廊，这就是当年的"阿巴顿圣灵"。在其东首的柱廊上还发现有记载着这种"神迹治病"的书板。附近有一个圆形的迷宫，据称是当年祭神之所。

古剧场位于神庙旁边，是希腊保存得最好的古剧场与古典建筑之一，也是遗址的主要建筑物之一，建于公元前 4 世纪，除了舞台经过重建之外，其他部分均保持原样。剧场有 14000 多个座位，音响效果极佳，场内的任何地点都能够清晰地听到乐池里演奏的乐曲。圆

埃皮达鲁斯考古遗址

形的乐池直径为 20.12 米，周围拦有一圈呈旗状的石灰石雕刻。地面是结实的夯土，从乐池到前排座席之间，是一个半圆形的洼池，2.13 米宽，用来汇集、承接雨水。

其他名胜还包括：阿尔泰弥斯神庙（月亮和狩猎之神）、希腊浴场、罗马浴场、体育馆，以及建于天然斜坡上的公元前 5 世纪的运动场。而今，除了剧场与运动场之外，阿斯克勒庇俄斯神庙早已不复存在，其他古迹也是大多只留下遗址与废墟。当地建有收存包括神庙在内的古建筑文物和博物馆。

# 罗得中世纪古城 *(希腊)*

从 1309 年到 1523 年,耶路撒冷的圣约翰的骑士军队占领了罗得城并开始着手使它成为一个要塞。随后它被土耳其人和意大利人统治。它的上城是哥特时期最美丽的城市之一,有大长老宫殿、大医院和骑士街。在下城,哥特式建筑与清真寺、公共浴池及其他建于奥斯曼时期的建筑共存。

罗得中世纪古城为罗得岛和佐泽卡尼斯州的首府,位于罗得岛东北角,与安纳托利亚半岛很近,与莱温特也不远。罗得城建于公元前 408 年,历史上曾是地中海东部文明及整个地中海航海线上的一个军事要塞。古罗马统治时期罗得城有良好的民主管理制度,有自己的币制和海洋法(这是世界上已知的最早的海洋法典),并被广泛采用。公元前 290 年,市民为了纪念抵抗马其顿德米特里一世入侵(前 305 年)成功建立了著名的高逾 30 米的罗得大铜像。该铜像与埃及的吉萨金字塔、巴比伦的空中花园、奥林匹亚的宙斯巨像、以弗所的阿泰密斯神庙、哈利卡纳苏斯的摩索拉斯基陵墓、埃及法罗斯岛的亚历山大灯塔一起被列为世界七大奇观。

公元前 3 世纪,罗得岛是古希腊的一处重要海上力量和文明中心,在十字军东征的时候是基督教徒船只停泊的港口。耶路撒冷圣约翰骑士在热那亚人统治 1306 年曾停泊于此。1291 年骑士们丧失了罗马在圣地耶路撒冷的最后一块基地——圣让达克里城堡。

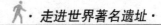
·走进世界著名遗址·

1309～1523 年耶路撒冷的圣约翰骑士统治期间，罗得城以坚不可摧闻名，先后击退了 1522 年埃及苏丹和 1480 年穆罕默德二世的进攻，但 1522 年长期被围之后，终于向索莱曼二世投降了，从此罗得城被奥斯曼土耳其人统治直到 1912 年。

上城区主要由围绕着一条干道而延伸出的直街构成。相比之下，下城区纵横交错着一些通向小广场的大街小巷，显得比较宽敞和不规则。一条 14 世纪初建造的 4 公里长城墙包围着上下城区。

罗得古城城门

两城区里的古迹比比皆是，给人留下深刻的印象。骑士们居住的科拉希温上城区最引人注目，它包含了有名的统治者们的住宅、骑士们的客栈及医院。下城区比较大，除了十字军东征时留下的建筑外，还包含了突厥时期的伊斯兰遗迹，如清真寺、澡堂、拱状的巷道。

罗得要塞在中世纪末对东地中海盆地产生巨大的影响。罗得城记录了地中海东部地区十字军东征时期一段重要的军事统治历史。港口入口处著名的巨型塑像和伊斯兰纪念建筑增添了它的历史重要性。其房屋年久易损，是多德卡尼、法兰克和奥斯曼风格的混合体。

# 德尔斐考古遗址（*希腊*）

阿波罗神所说的希腊圣地德尔斐，即翁法勒遗址，是"世界中心"。与它壮丽的自然景色和充满宗教含义相符合的是，早在公元前 6 世纪，它就已经成为宗教的中心和古希腊世界统一的象征。

德尔斐是希腊古城，位于科林斯湾北岸福基斯的帕尔纳苏斯山南麓，因居住在这一地区的德尔斐族人而得名。这里是古希腊时期供奉太阳神阿波罗的圣地，在希腊人的心中，这里是全世界的中心，

翁法勒遗址

享有极为崇高的地位。自公元 590 年起，这里就成为皮托运动会的举行地，来自希腊各地的选手在这里进行传统的比赛项目同时举行盛大的庆典活动，向阿波罗神庙敬供礼物。

神谕是古代希腊的一种迷信活动，由女祭祀代神传谕，解答疑难者的叩问。根据希腊神话，主神宙斯为了确定世界的中心，从地球的两极

放出两只神鹰，使之相向飞行，其相会之处，就是被称为"奥姆法洛斯"的世界中心。如今，放在德尔斐阿波罗神庙内殿里的一块卵形石，就是这一传说中的神物，是当地最古老的崇拜物，也是德尔斐神谕的起源。传布神谕的女祭祀被称为"皮西亚"，传布神谕时，她就进入具有阿波罗金制塑像和卵形石的阿波罗神庙内殿，在一只设在深坑上面的三脚架上就座，然后从圣泉中掬饮圣水，口嚼月桂的树叶，手摇月桂的树枝，加上从深坑上升的气体的"感应"，逐渐进入失神状态。她披头散发，口吐白沫，在歇斯底里之中，发出一些含义不清、模棱两可的语句，这些语句由僧侣记录下来，即称神谕。在希腊，发布神谕的地方有许多处，而德尔斐的阿波罗神谕最为有名。自公元前7世纪到公元前4世纪的1100年内，德尔斐神谕释解个人祸福，还对城邦的重大问题做出决议，对这一期间的希腊宗教、经济与政治都产生过重大影响。德尔斐也因之名声远扬，逐渐成了各地人们朝圣的胜地与各界人士聚会的名城。到公元前3世纪，成为希腊全国文化与艺术中心。后至罗马统治希腊时期，这种求神问卜之事逐渐减少。罗马将军苏拉（公元前138～前78年）为筹措经费征用了阿波罗神庙的珍宝库，皇帝尼禄（公元37～68年）从庙中搬走了500座青铜塑像。随着基督教的广泛传布，神谕的地位更是江河日下。到公元390年，狄奥多西一世以基督教的名义，最后封闭了神庙，禁止神谕活动。德尔斐也最终沦为废墟。

　　1892年法国考古学家开始在遗址上进行发掘，发现院墙内的圣地面积达1.67万平方米，三面为德尔斐城所围绕，东南是入口处。圣地庭院内，有许多由各城邦与私人树立的颂扬神谕圣迹的纪念碑，并有约20多所由各城邦建立的藏珍库。阿波罗神庙居圣地中心，略呈方形，四周是墙。神庙区东南部的大门，有"之"字形大路通往阿波罗神庙和露天剧场。这条被称为"圣路"的路，两旁有希腊各邦为供神而建的"礼物库"、祭坛、柱廊、纪念碑等。阿波罗神庙始建于公元前7世纪，中间屡遭摧毁，公元前370～前330年是最后一次重建。庙长60米，宽25米，东西两端各有6柱，南北则分别有 15 根柱子，全是由石料精制而成。在神庙和各个礼物库中，有许多质地不同的雕像，其中以战车御者的铜像最为精美，是早期的古典雕刻杰作。现在石柱参差，墙垣犹存，尚能勾画出盛时的宏伟轮廓。残余的神庙建筑与纪念碑遗迹，都是当年希腊各地的艺术家的杰作，是研究古希腊艺术的巨大宝库。除了神庙与有关建筑物及纪念碑林外，还有一处剧院，一处运动场。在古城遗址上，原建有卡斯特里新村，后来为了便于考古发掘，新村在附近另外觅地重建，并恢复德尔斐的旧称。

很难想象，作为公元前 4 世纪遗物的露天剧场，现在仍能使用。今天的希腊人仍在这里演出当年创作的戏剧。同时，希腊人也常在这里举办音乐、诗歌及戏剧的竞赛。德尔斐剧场为半圆形格局，有 38 层台阶，可容纳 5000 名观众。如今的德尔斐剧场俯视着希腊最古老最漂亮的一片橄榄林。橄榄林共有 120 万棵橄榄树，把这座古老的建筑衬托得光彩照人。

再往上往西一直攀登上去，就会看到一个巨大的竞技场。跑道上的起跑线仍可辨明，自起跑线至终点线的距离约为 177.53 米。场地为红泥土地面，周围用条石垒成环形看台，可以坐 7000 人。整个竞技场的平面呈长条马蹄形。该运动场是古代希腊的四大运动场之一，著名的皮提翁运动会每隔 4 年在此举行，其盛况仅次于奥林匹克运动会。

德尔斐有所有希腊圣地中最重要的神殿。而对古希腊人来说，这是一个有着特殊意义的地方，它是一个国家的圣地，"神谕"所在之处。

从希腊的远古时代起，德尔斐就被认为是世界的中心，也是古希腊的宗教中心和统一的象征，又被称为"世界之脐"。根据希腊神话中的记载，据说阿波罗神庙是大神宙斯的双鹰从天涯两极飞来聚会的地方，因此被称为"欧姆法洛斯"（脐），希腊人在其正中立石为记，作为地球"肚脐"的标志耸立在神庙的前面。在此后的岁月中，这块石头不仅成为传说中的神物、当地最古老的崇拜物，也是德尔斐神谕的起源。

古希腊人认为，要想知道神的重大信息，就要到神谕宣示殿去听。

他们相信，神明会向人类说话，为人们指点迷津、指点未来，而与神的交流，是他们日常生活不可缺少的一个组成部分。

据说当时的德尔斐神谕十分应验，因而威信极高。古希腊人也对此极为崇拜，希腊国内、地中海沿岸、以至遥远的黑海地区，每年都有络绎不绝的信徒前来祈求神谕。

信徒们祈求的目的是多方面的，普通人想知道自己的婚丧嫁娶、结婚后配偶是否忠诚，将军们想知道哪天出兵，工人们想知道哪天开工，水手们想知道航行的凶吉，政治家想知道怎么调节理顺政务。总之，从国家大事到家庭、个人的私事无所不包。

在德尔斐神谕中，一个最著名的神谕是对俄狄浦斯发出的，预言他以后要犯下杀父娶母的罪行。尽管俄狄浦斯想尽办法希望避免悲剧的发生，神的旨意仍然不可抗拒。于是，古希腊最著名悲剧之一——《俄狄浦斯王》就被视做命运悲剧而为世人所熟知。

千百年来，德尔斐的神谕宣示殿遗址都被人们当做求取预言的地方。无数古代记载证明，古希腊人相信神谕确实灵验。当然现在很多人认为，神谕是一种古代的习俗，与别的早先已经消失的习俗差不多。也有人认为，这只不过是神话、民间故事和当时广为流传的一般性预言混合而成的东西。

德尔斐的神谕宣示殿里真有神谕吗？古代的希腊人真的能得到神谕帮助吗？这对现代学者是一个充满诱惑的谜。

西方自然科学兴盛以来，不少人运用近代科学对此地作了考察。他们认为，神谕的预言能力来自地质现象，包括一个地表的裂沟、从裂沟冒出来的气体以及一道泉水。神职人员就根据气体冒出来的方向、高低以及泉水流注的情况对人们宣示神谕。

然而，100年前考古学家在此挖掘时，却没有找到裂沟，没有侦测到气体。于是，1900年，一位英国的年轻古希腊学者欧皮便明确指出，德尔斐的神殿中根本就没有裂沟，也没有气体逸出。

那么，德尔斐神庙里的"神谕"到底是怎么回事呢？如果对此简单地指责为"迷信"，恐怕是失之轻率的。有些人认为，裂沟和泉水恐怕是在罗马人封闭神庙时被损坏了，而经过漫长的岁月侵蚀，到重新发掘时神庙只剩下地基和一些圆柱，因此无法找到。另一些人却认为，在德尔斐神庙求取神谕有一整套仪式和行为方式，在这些仪式中，人们受到心理暗示，从而对事物的未来作出判断，这才是神谕真正的秘密。究竟谁是谁非，还有待进一步探讨。

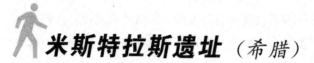
# 米斯特拉斯遗址 (希腊)

摩里亚半岛的米斯特拉斯在 1249 年由阿其那王子维耶哈丢因的威廉作为要塞的竞技场而修建。先后被拜占庭及威尼斯人占领。1832 年该城被废弃。

米斯特拉斯，"摩里亚半岛的奇地"，作为圆形剧场，由希腊的王子维拉杜安威廉于 1249 年建造的。它环绕着凸出的要塞。后来多次被拜占庭人、土耳其人和威尼斯人征服和占领。这个城市在 1832 年没落，留下了中世纪的废墟，令人心动的美丽风景。

米斯特拉斯遗址是中世纪时期遗留下来的一座城市，它建造在一个高约 621 米的小山上，坐落于塔伊耶托斯山的山脚下。遗址可以明显地划分为上下两个部分：位于上面部分的是由法兰克人在山巅筑造起来的城堡、帝王宫殿建筑群、封建王室的住宅、几座修道院以及圣索菲亚大教堂。这些建筑物被一个具有两个大门的城墙包围起来；位于下面的部分则被另外一座

米斯特拉斯

城墙围绕着。这些建筑物的中心部分是于 13 世纪修建起来的圣杰米特厄斯大教堂。此外，一座修道院和 14 世纪修建的潘塔纳萨大教堂也位于下面的这部分建筑物中。

米斯特拉斯是于 1249 年得到加强巩固的，大约在 1262～1348 年间，这处城市成为拜占庭政府所在地；1348～1460 年间位于希腊南部的摩里亚王国将其占领，并将它作为王国的首府城市，素有"摩里亚半岛的奇地"之称；1460 年，土耳其人攻占了这座城市；其后，1687 年，这里又成为威尼斯人的领土。

由于丝绸工业的发展，米斯特拉斯曾经是一处繁荣的商业中心，人群密集，熙熙攘攘。1830 年，奥托国王兴建了一座新的城市，即斯巴达，这也是导致米斯特拉斯城市最终走向衰退的一个直接原因。在现今保存下来的这些遗址中，其中包括一些完美的拜占庭时期的建筑物和精美的壁画。

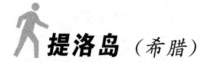

# 提洛岛（希腊）

　　提洛岛一译"季洛斯岛"。希腊基克拉泽斯群岛中的岛屿。西为大提洛岛，东为小提洛岛，其中小提洛岛面积 3.43 平方公里。历史上素负盛名。公元 3000 年前已有居民，公元前 9～10 世纪爱奥尼亚人在岛上设庙膜拜。公元前 478 年建立以雅典为首的提洛同盟，该岛曾为希腊各城邦同盟的总部和财库所在地。古代爱琴海的宗教、政治及商业中心，曾长期为独立的岛屿。公元前 166 年以后在罗马统治时期为自由港。公元 1 世纪后海上贸易路线改变，商业衰落，祭祀亦废，渐成无人居住的荒岛。从 1873 年起考古发掘，成为世界考古学研究的中心之一。已发掘的古迹有：巨大的阿波罗神像残骸、9 尊大理石狮、月神庙、酒神庙、爱神庙、阿波罗宗教城、圆形剧场、古体育场等。

　　在亚历山大帝国崩溃之后的 150 年内一直是独立的岛屿。公元前 166 年以后的罗马统治时期，这里成为自由港。公元 1 世纪，由于贸易航线改道，提洛岛的商业一蹶不振，因而岛上的神教也随之消亡。据希腊地理学家保萨尼阿斯记载，当时岛上几乎荒无人烟。到中世纪，威尼斯人和土耳其人将岛上的古建筑拆毁，作为建筑材料运走。

　　根据希腊神话，据说阿波罗神出生在基克拉泽斯群岛的这个小岛上。阿波罗的神殿吸引了来自希腊各地的圣地朝拜者。提洛岛当时是一个繁荣的贸易港口。从公元前第三个千年到古基督教时代，这个岛在爱琴海历史上曾有过辉煌的文明。这个考古遗址是所能想象的地中海地区一个巨大的世界性的港口。

根据希腊神话传说故事：提洛原来是海神波塞冬从海底托上水面的一处裸露的花岗岩小岛。后来经过风神的吹送，飘到基克拉泽斯群岛海域一带。当时主神宙斯的爱妾莱托即将临产，但是由于深受宙斯的妻子、天后赫拉的嫉妒，她没有安定之地进行生育。正巧提洛在海上漂过，于是莱托就在这里生下太阳神阿波罗和月亮狩猎女神阿尔泰弥斯。后来阿波罗将提洛固定在爱琴海上，阿波罗与阿尔泰弥斯则成了提洛人的崇拜神。后来修建的阿波罗神殿吸引了来自希腊各地的圣地朝拜者。

1873年，考古学家在这里发现了岛西岸的古城区，阿波罗神庙区、金锁斯山神庙、剧场区以及圣湖区4组遗址，大体上勘查出了古城当年的轮廓。其中尤其以巨大的阿波罗神庙与圣湖的9尊大理石狮最为有名。阿波罗神庙区在圣港的后部，有宽13米、两侧建有门廊的朝圣大道和3座阿波罗神庙。东北角是阿尔泰弥斯神庙区，由山羊角建成的举

提洛岛

世闻名的"兽角祭坛"就位于这儿。阿波罗神庙区的南面，是提洛城遗址，公元前 2～前 1 世纪，这里是东地中海地区的商业中心，沿岸依稀有港口、码头与仓库建筑。神庙区的东南，有包括埃及众神庙和叙利亚众神庙在内的外国神庙群。阿波罗神庙以北是圣湖，现已枯竭，9 尊大理石狮雄踞湖滨，气势慑人。提洛岛出土文物的价值，可与意大利的庞贝古城相媲美。

今天，提洛岛依然是一处荒无人烟之地，只有法国考古学会的少数工作者在阿波罗神庙废墟附近进行默默无闻的工作，岛上的旅游设施甚为简陋，但这里允许旅游者自己搭营露宿。

# 达夫尼修道院（希腊）

达夫尼修道院建在古代阿波罗神庙的遗址之上。神庙在 395 年被入侵的哥特人所毁。现在只有一根爱奥尼柱立在原先的柱廊里，剩余的都被埃尔金伯爵带回伦敦。修道院最初建于 6 世纪，献给圣母之死。由于它的财富和名声，它在 11 世纪被十字军洗劫。在 11 世纪末，一个不知名的捐助人出钱重建了修道院。这片地区于 1204 年被赐给雅典领主，在 1207 年被西多会修士接管，并作了改建。雅典于 1458 年被土耳其人攻占，修道院被交还给东正教会。东正教修士再次作了改建。在希腊革命时期被用作军队驻地。1838～1839 年间，巴伐利亚军队在此驻扎。1883～1885 间用作疯人院。在 1889 年和 1897 年的地震中遭到严重损坏。

对修道院的第一次发掘发生在 1892 年。在 1936～1939 年间，J·特拉弗洛斯完成了对古代阿波罗神庙的发掘。对 1950 年代的修复期间，在修道院的许多部分都进行了发掘，尤其是礼拜堂。

在地震的毁坏之后，希腊考古学会修复了教堂，镶嵌画被清理出来并由一些意大利艺匠复原。建筑后来用铁结构加固，北边用扶壁支撑，前厅西边和圆顶被全部重建。在 1955～1957 年，文化部修复局开始了更进一步的修复，包括对教堂和修道院，以及曾修复的镶嵌画的修复。在 1960 年，堵住外前厅西墙拱门的墙被拆除，在 1968 年修道院西入口

达夫尼修道院壁画

被清理干净。

　　教堂内部装饰有精美的镶嵌画，大约完成于11世纪末，是拜占庭中期艺术的典范。其丰富的场景讲述了耶稣基督和圣母玛丽亚的故事。其他的人物有大天使、先知、圣徒、殉教者以及主教等。这些装饰在穹顶、十字架、圣殿和外前厅等处的位置安排都表现了一个理念，中殿表示世界、穹顶表示天堂，地板表示大地。所有的镶嵌画都使用了金箔为底。

　　墙的下端装饰着美丽的大理石板，在1650年左右，大理石板代替了原来平庸的壁画。在教堂的北面有一座带后殿的圆角矩形建筑被用作食堂，墙上有丰富的壁画。

# 庞贝古城遗址 （意大利）

　　早在公元前 8 世纪，依托于地中海天然良港的一座小渔村庞贝，逐渐发展为城市。几百年之后，它商贾云集，成为仅次于意大利古罗马的第二大城。它北距罗马 300 公里，西接著名的西西里岛，南通希腊与北非。庞贝城内那神奇的太阳神庙、巨大的斗兽场、恢宏的大剧院、灵验的巫师堂以及新奇的蒸气浴室和众多的商铺以及娱乐场馆，不知吸引了地中海周城邦多少富商和贵族。加上亿万年来城北那维苏威火山因多次喷发而带来的奇异岩浆土、火山石以及地热温泉，更使庞贝声名远播：那一大片略带焦味的肥沃岩浆土，使庞贝出产的葡萄个大汁甜，酿酒绝佳，成了各地贵族争购的上品；那昼夜不绝的地热温泉，不但诱人入浴，更吸引许多贵族、富商纷纷来到庞贝造花园、建别墅，并连片开发娱乐场馆，使庞贝很快成为烟柳繁华之地。尤其是黑中透着亮红的火山石，因有止痛、安神、止血的神奇功效，人人争相拥有。然而谁能料到庞贝身旁的这座火山，突然会在某一天苏醒过来，张开血盆大口瞬间吞下了闻名遐迩的庞贝城！

　　维苏威火山海拔 1277 米，据地质学家们考证，它是一座典型的活火山，数千年来它一直在不断喷发，庞贝城就是建筑在远古时期维苏威火山一次爆发后变硬的熔岩基础上的。公元初前，著名的地理学家斯特拉波根据维苏威火山的地形地貌特征断定它是一座死火山，当时的人们完全相信他的这一论证，对火山满不在乎。火山的两侧种上了绿油油的

庞贝古城一角

庄稼，平原上遍布着柠檬林和橘子林，还有其他果园和葡萄园，他们万
万没料到这座"死火山"正在酝酿着一场毁灭性的大灾难。公元62年
2月8日，一次强烈的地震袭击了这一地区，造成了许多建筑物的毁
塌。我们今天在庞贝城看到的许多毁坏的建筑都是那次地震造成的。地
震过后，庞贝人又重建城市，而且更追求奢侈豪华。然而，庞贝还没来
得及从那次地震中复苏过来，在公元79年8月24日这一天，维苏威火
山突然爆发了。

　　瞬息之间，火山喷出的灼热的岩浆遮天蔽日，四处飞溅，浓浓的黑
烟，夹杂着滚烫的火山灰，铺天盖地降落到这座城市，空气中弥漫着令
人窒息的硫磺味。很快，厚约5.6米的熔岩和火山灰毫不留情地将庞贝
从地球上抹掉了。

随着岁月的流逝，庞贝古城渐渐淡出世界。后来，从罗马南下和从希腊、西西里北上的移民们发现火山山脚一带已经长满茂密的森林。当人们伐去树木之后，便裸露出黑油油的黑土地，于是大家就在这上面开发种植葡萄。

　　公元 1748 年春天，一名叫安得列的农民在深挖自己的葡萄园，他高举锄头"哐啷"一声，好像掘到了一块巨石，但怎么使劲也拔不出锄头。他连忙喊弟弟、弟媳帮忙。众人扒开泥土和石块，发现锄头穿透了一个金属柜子，于是大家七手八脚把柜子挖出来，打开一看，里面竟是一大堆熔化、半熔化的金银首饰及古钱币。消息传开，在这片土地上种植葡萄的农民突然想起祖辈相传的关于庞贝失踪的传说。于是盗宝者蜂拥而至，尔后也引来一批历史学家与考古专家来这里考古。后来意大利政府根据专家们建议，于 1876 年开始组织科学家有序地发掘庞贝古城。经过 100 余年七八代专家的持续工作以及数千名工作人员的辛勤维护，终于将庞贝古城这一惊心动魄的一幕真实地再现于世人面前。参与发掘庞贝城的历史学家瓦尼奥说："那是多么令人惊骇的景象啊！许多人在睡梦中死去，也有人在家门口死去，他们高举手臂张口喘着大气；不少人家面包仍在烤炉上，狗还拴在门边的链子上；奴隶们还带着绳索；图书馆架上摆放着草纸做成的书卷，墙上还贴着选举标语，涂写着爱情的词句……"这些景象，充分展示了当时古城的数万生灵是怎样突然被活生生地扯断了生活链！在永恒的宇宙与自然界面前，人，首先得尊敬自然，保护生态，跟大自然抗衡，人们显得多么渺小无力啊！

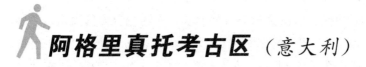

# 阿格里真托考古区（意大利）

意大利的西西里岛不仅有未经雕琢的自然景观，而且还保留着各个时代的许多遗迹。一位外国考古学家甚至说："谁要了解古希腊，就先上西西里。"

阿格里真托在西西里岛的南岸，建城于公元前581年。公元5世纪起，先后被迦太基人、罗马人、拜占庭人与阿拉伯人所统治。

阿格里真托考古区

阿格里真托位于一座与爱奥尼海岸平行的小山上，被古希腊诗人品达称为"人世间最美的城市"，是现代剧作家皮兰德娄的诞生地。该城的象征是一组雄伟的多利安神庙，分别供奉着海格立斯、朱庇特、朱诺、卡斯特、普卢克斯和德墨特尔。

　　阿格里真托有个神殿之谷，保存有 5 座古希腊神殿，其中 6 柱多立克式协和殿保存最好，与希腊本土相比毫不逊色。

　　阿格里真托的起源可以追溯到公元前 581 年，在公元前 5 世纪达到极盛，神庙亦多建于此期。它的至尊荣耀和最值得骄傲的是保留了那些统治着古代城市的壮丽的陶立克式教堂，有许多埋在地里或果园里的教堂至今仍保存完好。对考古区域进行有选择的发掘，不仅有助于了解后来的古希腊和古罗马城市，还有助于了解古基督教居民的殡葬仪式。

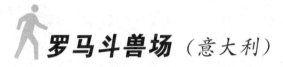

# 罗马斗兽场（意大利）

　　位于意大利首都罗马市中心的壮观的斗兽场是古罗马时为取悦凯旋的将领士兵和赞美伟大的古罗马帝国而建造的。斗兽场的建筑设计并不落后于现代的美学观点，而事实上，大约 2000 年后的今天，每一个现代化的大型体育场都或多或少地烙上了一些古罗马引兽场的设计风格。

罗马斗兽场

罗马斗兽场在建筑史上堪称典范的杰作和奇迹，以庞大、雄伟、壮观著称于世。虽然现在只剩下大半个骨架，但其雄伟之气魄、磅礴之气势犹存。斗兽场平面呈椭圆形，占地约2万平方米，外围墙高57米，相当于现代19层楼房的高度。该建筑为4层结构，外部全山大理石包裹，下面3层分别有80个圆拱，其柱形极具特色，按照多立克式、爱奥尼式和科林斯式的标准顺序排列，第4层则以小窗和壁柱装饰。场中间为角斗台，长86米，宽63米，仍为椭圆形，相当于一个足球场那么大。角斗台下是地窖，关押猛兽和角斗士。角斗台周围的看台分为3个区。底层的第一区是皇帝和贵族的座席，第二层为罗马高阶层市民席，第三层则为一般平民席，再往上就是大阳台，一般观众只能在此处站着观看表演了。场内看台共可容纳观众5万多人，底层地面有80个出入口，可确保在15分钟至30分钟内把场内5万观众全部疏散离场。斗兽场的建筑师究为何人，现在还是个未知数。有人认为可能是后来建筑多米斯亚诺宫的建筑师拉比利奥，但已无从查考。

公元80年斗兽场工程竣工之时，举行了为期100天的庆祝典礼。古罗马统治者组织、驱使5000头猛兽与3000名奴隶、战俘、罪犯上场"表演"、殴斗，这种人与兽、人与人的血腥大厮杀居然持续了100天，直到这5000头猛兽和3000条人命自相残杀、同归于尽。无怪乎有人说，只要你在角斗、台上随便抓一把泥土，放在手中一捏，就可以看到印在掌上的斑斑血迹。当年，古罗马著名的奴隶起义首领斯巴达克就是一名角斗士，他最初率领78个角斗士起义，很快发展到10多万人，在罗马各地坚持战斗达2年之久。这次奴隶起义给了罗马奴隶制沉重的打击，马思曾赞誉斯巴达克是"整个古代史中最辉煌的人物"。

# 卡赞利克的色雷斯古墓（保加利亚）

　　色雷斯古墓是保加利亚古代色雷斯墓葬。它位于保加利亚中部巴尔干山脚下的"玫瑰谷"中的卡赞利克城城边。卡赞利克城是在中世纪的克伦要塞的基础上发展而成的，以盛产香料闻名，被誉为保加利亚的"玫瑰谷之都"。同时，这里也是古代色雷斯文化的中心，有大量的色雷斯文物出土，其中就以 1944 年发现的这座公元前 4 世纪的色雷斯古墓最为著名。

　　色雷斯古墓保存完好。在一座耸起的宽大坟头下，有一个长方形的前庭，从前庭向前，一个狭窄的石砌通道口后面是一条拱顶的走廊，走廊的尽头是墓室，里面安葬着色雷斯王子夫妇。墓室的直径为 2.65 米，顶高 3.25 米，室顶呈钟罩形，走廊与墓室全部用砖砌成。这是当时色雷斯建筑艺术的典型。墓壁上有精美的彩色壁画，

色雷斯古墓

表明希腊艺术已在当时色雷斯贵族中广泛传播。但奇怪的是，除了这座古墓的壁画外，在其他色雷斯墓中却没有任何遗存。其主壁画是一幅丧宴图，位于墓室的下边。画面中心为王子夫妇，左右配以立和坐的妇女，再向两侧是捧酒人、奏乐人、牵马人、侍女、马车等。这幅父母和亲戚等人向死去的王子夫妇依依不舍地作诀别的画面，凄楚动人，人物形象栩栩如生，极为精致，为了解当时色雷斯王族的生活和习俗保存了重要资料。墓室上边的壁画则是一些飞奔中的马车，具有很强的力度感和写实性。墓室的入口处，还绘有1对夫妇的像。此外，在长方形前室里尚绘有步兵、骑兵战斗场面的壁画。尽管这些壁画的个别细部采用了胶画技法，但基本上是以壁画技法绘制而成。色彩基本上以红色、白色和绿色为主。不论是壁画的整体构成还是不同的细部技法，都与现在已知的古希腊绘画与雕刻艺术有或多或少的联系。

如今，色雷斯古墓已被列为联合国教科文组织与世界遗产委员会首批57项世界文化与自然遗产之一。为了防止损坏，还在附近修建了一座陵墓模型，供游客参观。同时，根据当时色雷斯王修瑟斯之名而命名的古城修瑟波利斯遗址亦已出土，就在色雷斯古墓附近。全城占地46万平方米，有厚达2米和带有角楼的城墙供游人参观。

# 巨石阵（英国）

巨石阵又称索尔兹伯里石环、环状列石、太阳神庙、史前石桌、斯通亨治石栏、斯托肯立石圈等名，是欧洲著名的史前时代文化神庙遗址，位于英格兰威尔特郡索尔兹伯里平原，约建于公元前 4000～前 2000 年（2008 年 3～4 月，英国考古学家研究发现，巨石阵的准确建造年代距今已经有 4300 年，即建于公元前 2300 年左右）

这个巨大的石建筑群位于一个空旷的原野上，占地大约 11 公顷，主要是由许多整块的蓝砂岩组成，每块约重 50 吨。巨石阵不仅在建筑学史上具有重要的地位，在天文学上也同样有着重大的意义：它的主轴线、通往石柱的古道和夏至日早晨初升的太阳，在同一条线上；另外，其中还有两块石头的连线指向冬至日落的方向。因此，人们猜测，这很可能是远古人类为观测天象而建造的，可以算是天文台最早的雏形了。

巨石阵的主体由几十块巨大的石柱组成，这些石柱排成几个完整的同心圆，巨石阵的外围是直径约 90 米的环形土沟与土岗，内侧紧挨着的是 56 个圆形坑，由于这一些坑是由英国考古学家约翰·奥布里发现的，因此又叫"奥布里"坑。在当地出现的第一块石头是位于圆圈"洞口"位置上的一块重约 5 吨的砂岩（又被称为"种石"）。在此石出现200 年之后，若干石柱才从英格兰西部的威尔士运来，矗立在中央，并形成两个一大一小的圆周。考古学家称之为"巨石阵"的二期建筑。

再后者，"种石"被挪走，"巨石阵"进入了建筑的第三阶段——人

巨石阵

们运来了 180 块大砂岩，与原来的青石柱重新排列成圆形和马蹄形结构。事实上从现有的遗迹上，人们也可窥见"巨石阵"第三阶段的基本风貌。据估算，以当时的生产力水平，建造"巨石阵"需要至少 3000 万小时的人工，相当于 1 万人工作整整 1 年。

巨石阵最不可思议的是石阵中心的巨石，这些巨石最高的有 8 米，平均重量近 30 吨，然而人们惊奇地发现，有不少重达 7 吨的巨石是横架在 2 根竖着的石柱上的。

在公元前 3300 年到公元前 900 年这段时间中，巨石阵的建造有几个重要的阶段。

公元前 3000 年之前——这段时期的巨石阵分布在爱尔兰海以及爱尔兰海路信道的周边地区，数量不多但却令人印象深刻，直径超过 30 米以上，在圆阵之外都有一个独立石，似乎是一种宣告"此地已被占有"似的标示。

公元前 2600 年左右——金属被引入不列颠全岛,坚硬的凿刻工具被制作出来,这个时期的巨石阵更精致完美,有的直径超过 90 米。然而一些其他主要的石阵则小多了,一般只有 18～30 米。它们有个特殊的现象,就是除了圆形石阵之外,还会现椭圆形的石阵,长轴方向指向太阳和月亮的方位。数目在宗教上也呈现一个有趣的现象,我们发现不论巨石阵的圆周有多大,各地的立石数量都有独特的数目。

公元前 2000 年——在这个最后时期,以传统方法建立的巨石阵数量便开始减少。整体形状也不是很完美,不是呈现椭圆形就是扭曲的环状。在规模上也大不如前,有的直径甚至还不到 3 米。

1997 年,英国科学家在一次实验中发现,巨石阵具有令人惊异的声学特性。科学家们在一些巨石中放入先进的录音器材进行实验,发现组成巨石阵的巨大扁平石块能非常精确地放射巨石阵内部的回声,并将其集中于巨石阵的中心,形成共鸣效应。

科学家们推测,巨石阵很可能是古代祭祀的场所。早在 17 世纪,英国古董学家奥波雷就认为,巨石阵是罗马统治时期德鲁伊教的祭祀场所。相传德鲁伊教在英国索尔兹伯里平原上建造了巨石阵,目的是用来献祭太阳神,从此在巨石阵的故事里出现了德鲁伊教。德鲁伊教是公元前 5～前 1 世纪,散居在不列颠、爱尔兰等地的凯尔特人信仰的一种宗教。据说德鲁伊教的形式和教义非常神秘,恺撒远征高鲁时说,德鲁伊教士精通物理、化学,他们在树林中居住,甚至用活人献祭。在英国除了索尔兹伯里巨石阵外,还有 900 多座圆形巨石阵,这些巨石阵分布在英国不同的地区。

关于神秘的巨石阵,人们仍旧继续做着各种各样的推测和解释。2003 年,考古学家在巨石阵不远的地方发现了一座古墓,墓中出土的陪葬品有 100 多件,包括金、银、铜等装饰品,陪葬品的数量要比同年代墓葬多达 10 倍,经专家考证,墓中的主人地位非常显赫,他就是阿

彻。阿彻大约生活在公元前 2300 年，而这个阶段恰好是巨石阵形成的时期，考古人员发现，阿彻墓中的陪葬品大部分来自阿尔卑斯山，从阿彻遗留下的牙齿形状和损坏的程度检测来看，他的童年是在阿尔卑斯山区度过的，他很有可能是来自瑞士或者是奥地利一带。如果是阿彻建造了巨石阵，那么被视为英国古老象征的史前巨石阵将会是一名外来人的作品。考古学家们推测，几千年前的维赛克斯人和阿彻都有可能参加了巨石阵的建造，但从他们分别生活的时代可以看出，巨石阵的建造经过了一个漫长的时期。

2008 年，英国考古学家杰弗里·温莱特和蒂莫西·达维尔认为，巨石阵无异于"新石器时代的卢尔德"。卢尔德是法国圣地，因被认为具有神奇的治疗功能而名噪一时。

墓葬用品散落在巨石阵及其岩石碎屑周围，代表一种避邪之物，表明巨石阵在古代的作用首先是一处朝圣地。同时，巨石阵一带发现了数量非比寻常的骨骼，上面均留有重病或重伤的迹象。对遗骸牙齿分析的结果表明，其中一半人来于巨石阵以外地区。

考古学家根据这次发掘结果推测，人们来到此地的原因或许是认为这里的石头具有治病"神力"。达维尔猜测，人们当时怀着一种悲伤、绝望的心情来到巨石阵。生病或受伤的古人来到那里，冀望"神石"能帮助他们康复。新的考古发现表明了巨石阵曾经是史前朝圣者的康复中心，验证了它在史前社会的重要性。

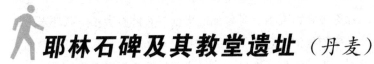
# 耶林石碑及其教堂遗址 （丹麦）

　　耶林石碑及其教堂遗址埋葬着的土墩和记载着古代北欧文字的一个石碑，鲜明地代表了北欧文化中的异教徒文化，而其他的石碑和教堂则是丹麦人在向着 10 世纪中期迈进时逐渐基督教化的明证。

　　包括所有的土墩、记载着古代北欧文字的石碑和大教堂在内的整个建筑群独一无二地向世人阐明了古代北欧宗教与基督教之间的交替演化关系。在两个墓穴土墩中，其中有一个很可能是北欧海盗的统治者老戈姆国王的埋葬地，两个石碑与这些土墩密切相连。第一座木制教堂坐落于现在教堂的位置上，这个教堂最初大约是于公元960 年建造的，当时哈拉尔德·布鲁吐斯将基督教引进了丹麦，并在较大的一个石碑上发表了有关基督教的演说。现在人们在这里所看到的教堂是于公元 1100 年左右建造的，其中的装饰构造极其简陋，是由石灰华粉刷的。

耶林石碑及其教堂遗址

# 塞哥维亚古城及其输水道（西班牙）

塞哥维亚坐落在卡斯蒂利亚省中部，马德里西北方大约100公里的地方。由于它的许多独特魅力，城镇里狭隘而蜿蜒的街道上几乎总是挤满了游客。

塞哥维亚是西班牙旧卡斯蒂利亚地区的一个重要历史名城，人口只有5万。城市的创建源于军事，它是控制丢勒大峡谷的战略要地。该城建于公元80年的罗马时期，故称"罗马古城"，是西班牙无数古城中保存最好的一座。公元8世纪，塞哥维亚被凯尔特人统治。3个世纪后，即1079年由阿方索六世收复。阿方索

塞哥维亚古城及其输水道

十世在位期间辟为行宫，从此繁荣了几百年，使天主教盛行。1586～1730年间为造币厂所在地。16世纪末，塞哥维亚因遭受一场严重的瘟疫而走向衰落，19世纪又恢复繁荣。小城古色古香，石头铺成的窄街

弯曲而幽深，马约尔广场、阿索格霍广场、罗马渡槽、阿尔卡萨尔城堡、圣埃斯特万教堂等等，处处皆是文物古迹和古老建筑。

塞哥维亚城坐落在一座山上，边缘是著名的城堡，城堡内安装有石膏和泥制的天花板。它的独特外观造型可以追溯到公元 16 世纪，那时菲利浦二世曾命令用石板为城堡修筑屋顶。城堡内部有很多令人赏心悦目的古代兵器。赛哥维亚的教堂大都属于罗马风格。除了这些教堂之外，城堡和输水道是这里最具象征性的建筑。

在城墙里，塞哥维亚还有许多其他的几乎保存完好的建筑。例如，阿尔卡沙尔城堡屹立在埃里斯马河和克拉莫尔河交汇处的一个岬角上。自从 11 世纪以来，这个要塞被阿方索十世扩大，后来历代西班牙国王都大力整修。

罗马大渡槽建于古罗马图拉真大帝（公元 53～117 年）时代，至今完好。渡槽用土黄色花岗岩干砌（不用灰浆）而成，坚固异常。渡槽全长 813 米，分上下两层，由 148 个拱组成，高出地面 30.25 米，气势非凡。最初罗马人建造这座渡槽的目的，是将 18 公里外的弗利奥河水引入城内饮用。为此，古罗马工程师开通了平均坡度为 1‰ 的运河。按他们的方式，唯一的天然障碍就是如何跨越克拉莫尔河。为了跨过这一天堑，到达城市坐落的坚固岩层，他们不得不采用大块的砖石，分 4 部分建成。输水道是由被 128 根柱子支撑着的双层拱洞构成。输水道顶端是水渠，到现在还在引导流水，起初断面标准是 30 厘米×30 厘米。后来 15 世纪末，主教命令将其修整，之后一直维修利用至今。1929～1930年，顶部改建为水泥槽，原物遭到很大破坏。近年在水道石柱地基出土的文物似乎证实了塞哥维亚输水道修建于公元 50 年前后。这座令人惊叹的双拱建筑镶嵌在壮丽的古城之中，成为塞哥维亚骄傲的象征。1985年，这里被列入世界遗产名录。

# 丹漠洞遗址 （爱尔兰）

丹漠洞被称为爱尔兰最黑暗的地方，因为这个洞穴记录了一次惨无人道的大屠杀。公元928年，挪威海盗来到爱尔兰，对基尔肯尼附近一带进行洗劫。当时居住在丹漠洞附近的居民为了逃命，在海盗袭来的前几个小时集体躲到洞中。然而丹漠洞的入口太过明显，海盗很快发现了洞中藏人的秘密，一场血腥的大屠杀开始了。海盗进入洞里，把所有发现的人都杀死，估计有1000多人，然后守在洞口半个月，没有当场被杀死的人后来都因感染而死或者饿死了。

在之后将近1000年的时间里，丹漠洞成了爱尔兰的"地狱入口"，再没有一个人敢进入洞中。直到1940年，一群考古学家对丹漠洞进行考察，仅仅在一个小洞穴里就发现44具骸骨，多半是妇女和老人的，

丹漠洞遗址

甚至还有未出世的胎儿的骨骸。骸骨证实了丹漠洞曾经的悲剧，1973年这里被定为爱尔兰国家博物馆，每年迎接无数游客前来纪念那些惨遭屠杀的人。

然而，丹漠洞的故事到这里还没有结束。1999年，一个导游的偶然发现证实，这里不仅是黑暗历史的纪念馆，沉默的洞穴中还隐藏了永恒的宝藏。

1999年冬天，一个导游准备打扫卫生，因为寒冷冬季是旅游淡季，丹漠洞将关闭一段时间。他准备仔细清理游客留下的垃圾，所以去了很多平时根本不会去的洞穴。在一个离主路很远的小洞里，导游突然看到一块绿色的"纸片"粘在洞壁上，他以为那是一张废纸。走上前去，赫然发现那根本不是什么纸片，而是什么东西从洞壁的狭缝中发出闪闪绿光。导游用手指往外抠，结果抠出一个镶嵌着绿宝石的银镯子！

爱尔兰国家博物馆的工作人员从那个狭缝中挖出了几千枚古钱币，一些银条、金条和首饰，另外还有几百枚银制纽扣。这些东西应该是当时躲藏的人随身携带的。也许为了让财物更安全，他们把值钱的东西集中然后藏在一个隐蔽小洞里，甚至把衣服上的银纽扣都解了下来。海盗之所以屠杀所有的人，也许和没能发现这些财宝有关。由于在潮湿的洞里呆了1000多年，挖出来的东西都失去了金属原有的夺目光彩。国家博物馆的几十个专家工作了几个月才让所有艺术品和钱币重现光彩。

丹漠洞遗址宝藏因为其独一无二的血腥背景和考古价值排在世界十大宝藏的第六位。

# 玛雅遗址 （墨西哥）

　　玛雅文化的重要遗址有位于墨西哥中部高原的特奥提华城、尤卡坦半岛南端乌苏乌辛塔河流域的科班城和尤卡坦半岛北部的乌斯马尔城。它们分别属于古典时期、早期和晚期的奴隶制城邦遗址。

　　奇琴伊察玛雅城邦遗址曾是古玛雅帝国最大最繁华的城邦。遗址位于尤卡坦半岛中部。始建于公元 514 年。城邦的主要古迹有：千柱广场（它曾支撑巨大的穹窿形房顶，可见此建筑物之大），武士庙及庙前斜倚的两神石像，9 层、高 30 米的呈阶梯形的库库尔坎金字塔以及圣井（石灰岩竖洞）和筑在高台上呈蜗形的玛雅人古天文观象台，称"蜗台"。

玛雅遗址雕塑

　　玛雅人体现了当时最高的文明水平，令人惊奇的是在欧洲还处在黑暗时期的时候，这里的居民已经可以描绘出太空的样子，演变出了美洲本土的文字书写系统，而且已经掌握了数学。他们还发明了我们现在所运用的历法，在没有铁器、搬运的牲畜甚至没有车轮的情况下，他们有能力修建这么巨大而且建筑完美的城市，这不能不说是一个奇迹！

公元前 2600 年左右，玛雅人可能是当时美洲大陆最正统的居民。公元 250 年左右，他们主要居住在今天的南墨西哥、危地马拉、北伯里兹和洪都拉斯的西部。玛雅人发展了天文、历法系统、象形文字。当时的建筑水平已经相当的高了，包括金字塔、宫殿、天文台等都没有使用铁制工具建造的。大约在公元前 300 年，玛雅人采用了等级制度，由国王和贵族来制定相关法规，公元 200～900 年间，这个民族发展到了鼎盛时期。

玛雅人信仰太阳神、月神、蛇神、风神、雨神、地神和农神，尤以崇拜玉米神为最。他们用占卜勾通人与神的联系。玛雅人祭神的规模很大，祭品除牲畜、飞禽、瓜果外还一度盛行人祭。

特奥蒂瓦坎城在全盛时期，是世界大城市之一。当时城市
建筑结构的严谨为以后阿兹特克人修建特诺奇提特兰城所效仿。

# 特奥蒂瓦坎古城（墨西哥）

特奥蒂瓦坎古城，位于墨西哥首都墨西哥城东北约 40 公里处。在其繁荣兴盛的六七世纪，全城有 20 万人口，规模可以和中国当时的长安相比。1987 年联合国教科文组织将特奥蒂瓦坎古城作为文化遗产，列入世界遗产名录。

特奥蒂瓦坎城在全盛时期，是世界大城市之一。据估计，居民有 20 多万，面积达 20 平方公里。当时城市建筑结构的严谨，为以后阿兹特克人修建特诺奇提特兰城所效仿。纵贯南北的中央大道全长 4 公里，宽 45 米，是古城的重要组成部分，有"死之大道"之称。金字塔、庙宇、亭台楼阁以及大街小巷，匀称地分布在死亡大道的两侧。大概由于宗教的原因，大街南端一片空旷，没有任何建筑。对中央大道为什么称为死亡大道，考古学家们已无从考证。有人解释说，因当时活人祭神，尸体在大街上火化（特奥蒂瓦坎没有土葬习惯，全城没有发现一座坟墓），"死亡大道"由此得名。

特奥蒂瓦坎，在印第安人纳瓦语中是"创造太阳和月亮神的地方"。在印第安传说中，他们崇拜的第四代太阳不再发光了，地球被笼罩在一片黑暗之中，人间万物生灵面临着毁灭的危险。宇宙的诸神听到了从地球上传来濒临死亡的人们的恐怖叫喊和痛苦呻吟，从宇宙中飘落到特奥蒂瓦坎，燃起了篝火。地球又一次见到了光明，万物复苏，生灵获救。但不久，篝火的火焰越来越弱，最后又被黑暗吞没，地球上再次陷入黑

特奥蒂瓦坎古城

暗。为了使地球永见光明，人类永远欢乐，诸神修筑了太阳和月亮金字塔，在两塔之间，又一次燃起火，熊熊烈火越烧越猛。诸神商定，谁有勇气，自愿跳入火中，就变成第一代太阳，永远得到人类的崇敬。诸神中低贱的纳纳瓦特神和高贵的特克西斯特卡尔神表示愿意作出牺牲，变成太阳，照耀地球。纳纳瓦特神首先勇敢地跃身跳进火中，顿时，一轮红日从东方冉冉升起。而特克西斯特卡尔却害怕了，只是在看到纳纳瓦特神变成太阳后，才下定决心，咬牙跳进已是十分微弱的火堆。于是他失去机会，没有变成太阳，成为只能在太阳下山后用暗淡光辉照亮大地的月亮。这就是关于特奥蒂瓦坎地名由来的传说。

　　太阳金字塔和月亮金字塔造型为四边形层叠平台，每层向上收缩，当神殿和祭坛之用。祭司在塔顶祭祖太阳神、雨神和战神。另外，这里还举行牺牲仪式，祭司把活人绑在"牺牲石"上，剖胸取心奉献给太阳。

　　太阳金字塔是特奥帝瓦坎古城遗址最大的建筑，大约建于公元 2 世

纪。它坐落在被称为"死亡大道"的古城中央大道东侧。太阳金字塔用土和石头堆砌而成，高 65 米，南北长 222 米，东西宽 225 米，四个坡面从底部到顶端共有 5 层，总体积约为 100 多万立方米。当时的特奥蒂瓦坎人并没有掌握铁制工具，可以想象工程是何等艰巨。用来建造金字塔的巨石并不规则，大多呈深褐色，也有土黄黑的，所以整个金字塔是一种浑厚深沉的暗色调。金字塔表面从前抹着石灰，上面有鲜艳的壁画。经过千年的风吹雨打，壁画已经剥落殆尽。金字塔的四面都有阶梯直达顶部，阶梯最宽处为 17 米，每个台阶高度相固。金字塔的四面正对东南西北四个方向，中午太阳的光芒直射塔顶；傍晚，太阳正好在它的西边落山。金字塔的顶部原有一座太阳庙，现已完全毁坏。从塔的底部，经一地道走进塔内，可以看到一座小金字塔，形状像四叶草，四叶表示大地的 4 个地窖或嘴孔。现在的大金字塔是在这座金字塔的基础上建成的。在太阳金字塔侧旁的广场右边，有一片独具特色的住房群，供管理太阳金字塔的祭司们居住。在广场北端，有一座华丽的"太阳宫"，是太阳金字塔最高祭司的宫殿。宫殿内的壁画色彩鲜艳，是古城遗迹中迄今发现的最精美的壁画之一。

月亮金字塔坐落于中央大道的北端。月亮金字塔比太阳金字塔晚建成 150 年，规模也不及太阳金字塔。月亮金字塔高 46 米，由于建在比太阳金字塔更高的地基上，因此两塔顶端的高度处同一水平。塔的正面，阶梯陡峻，从底下向顶端仰望，塔顶高耸入云；从顶部往下俯瞰，视野广阔。由于阶梯已经修复，一般游客都喜欢从这里登高。同太阳金字塔一样，月亮金字塔内也有好几层结构，属于不同时期的建筑。月亮金字塔下是月亮广场。广场从南到北共 204.5 米，由东往西 137 米。月亮广场中央是一座四方形的祭台，特奥蒂瓦坎古城重要的宗教仪式都在这里举行。月亮广场的建筑讲究对称，给人宽广宏伟的感觉。

本篇简介 **B**enpian **J**jianjie 基里瓜考古公园和遗址，是古典时期早期的前玛雅人首都。这一事实的确认要归功于从公元5世纪留传下来的两块石头。

# 基里瓜考古公园及遗址（危地马拉）

　　基里瓜考古公园及遗址，位于危地马拉东北部的伊萨巴尔省，距首都危地马拉东北约160公里。这一考古地点是古典时期早期的前玛雅人首都。这一事实的确认要归功于从公元5世纪留传下来的2块颇有纪念意义的石头。玛雅人最初受制于与之毗邻的古潘国，古潘位于洪都拉斯

基里瓜考古公园及遗址

境内，也是世界文化遗址之一。公元 737 年，玛雅国王杀死了古潘国王，玛雅人从此获得独立，这便是长达 1 个世纪的玛雅辉煌时期的开始。其辉煌历史的最后纪录出现在建于公元 810 年的一座建筑物上。从审美学的角度看，这一遗址的价值在于其精湛的雕刻艺术，堪称中美洲远古时期的极品。遗址内有 12 个巨幅雕刻和 13 个纪念碑。这些用砂石而不是用金属器具直接雕刻而成的纪念碑，是玛雅人审美观念和艺术技能的杰出代表。主要建筑群包括通向南部的雅典卫城和通向北部的大广场，其周围有许许多多的纪念碑。与其他玛雅遗址不同的是，这些纪念碑与祭坛并无关系。成形于 711 年，宽度为 10.66 米的 F 纪念碑，是玛雅人最大的纪念碑。在这些纪念碑上雕刻着国王，雕像挺直地站着，目光前视，头戴镶嵌羽毛的头盔。

12 个巨幅雕刻宽达 4 米，这些石碑保留了岩石的原始形状，上面刻有双头怪物，怪物的口中现出了玛雅国王。基里瓜的石刻纪念物上还刻有迄今未被破译的象形文字，据推测其内容涉及社会、政治和历史事件，根据这些内容，可大体勾勒出玛雅人的生活、文化和历史。尤其是 F 和 D 纪念碑，其形态的高雅和象形文字的清晰，在诸石中显得尤为突出。如今，基里瓜考古公园已经对公众开放，为了防止热带气候的无情侵蚀，对碑面加了保护。基里瓜境内的玛雅殖民地位于埃尔－蒙特瓜大山谷底部，每天吸引着来自世界各地的参观者，其精湛的雕刻艺术令人叹为观止，这无疑是玛雅人最原始和最美妙的艺术世界。

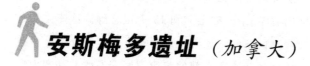

# 安斯梅多遗址（加拿大）

　　历史上曾有许多民族在加拿大安斯梅多生活过，众多考古学家的研究工作为我们认识此地提供了弥足珍贵的资料。公元前 6000 年当地土著人开始在此地定居。古代挪威人于 1000 年左右占领此地，1500 年到 1800 年间，法国移民中的渔民或巴士克人中的捕鲸者曾光临此地。1835 年威廉·戴克建立了今天安斯梅多社区的雏形，1914 年 W·A·莫恩推测挪威人曾到过此地。1960 年海尔格·英格斯塔特参观了安斯梅多地区，当地人指给他看古老的断壁残垣。

　　安斯梅多的遗址于 1961~1968 年被发掘，进一步的发掘工作在加拿大政府的组织下于 1973~1976 年进行。1977 年该遗址被定为国家历史遗址。1978 年 9 月 10 日，安斯梅多被联合国教科文组织确认为世界遗产，成为世界上少数几处有着重要考古价值的地方之一。

　　据考证，大约 985 年，航海家们带着载满货物的船只首次发现了从西方通往新大陆的航线。15 年以后，李夫·艾瑞科在一个叫斯得莫帝的地方被冻死——李夫营地也因此而闻名，就在今天安斯梅多遗址附近的一个草坡上。此后，李夫家族的成员和一伙殖民者到这里探险，最远到达了加拿大西南的新布伦斯维克。但同当地土著人的冲突使他们不得不从该地区撤出，返回到格陵兰岛。

　　早期威金人对世界的发现，包括对北美的发现保存在威金人的英雄叙事诗歌《萨加》里面。古代的挪威英雄叙事诗是通过口口相传流传于

安斯梅多遗址

世的，后来被写下来供后人阅读。在公元 1000 年以前，一艘从格陵兰岛驶出的有着笨拙而高耸的船首的船只曾在北美景色怡人的海湾抛锚停留、生活过。因被他们的见闻所吸引，这支有着 30 名船员的队伍决定停留在此地——安斯梅多。第二年夏天，这批船员回到挪威，船上满载着木材和葡萄，木材用以建造房屋，葡萄用于酿酒。对于当地没有合适建筑木材的威金人来说，这批木材显得非常珍贵。13 世纪威金人的《萨加》里描绘了里夫·艾里森和新世界第一次历史性的接触。此后欧洲海员继续着有关新大陆知识的传播与交流，促进了大西洋航线在 1490 年的再度开通。

在安斯梅多遗址留有北欧威金殖民者的遗址，它是欧洲人在北美定居时设立的第一个殖民地。威金人在这里建造了 3 所覆盖草皮的木结构长形房屋和 5 座规模略小的建筑物。这里还是新世界首次开始使用铁质工具的地方。1960 年，哈吉·茵格斯坦和安妮·斯汀·英格斯塔特率领的挪威探险队按照中世纪冰岛人手稿中记录的北欧传说，发掘出 8 座建筑遗址和上百种威金人的手工制品，这些手工制品大多由木头制成，也有石头、青铜和骨头等质地的。在废墟中，发掘者们挖掘出的工艺品与冰岛和格陵兰岛上的风格极为相似。

# 魁北克古城区（加拿大）

　　1985 年联合国教科文组织将魁北克古城区作为文化遗产，列入世界遗产名录。

　　魁北克古城区，位于加拿大东部魁北克省省会魁北克城。魁北克古城，面积 1.35 平方公里。它历史悠久，战略地位重要，是加拿大东部重要的城市和港口，素有"美洲直布罗陀"之称。这里原来是印第安人的村落，1608 年，法国探险家桑普兰来到这里，建立了第一个白人殖民地，成为新法兰西首府。1759 年，英国远征军打败法军，攻占魁北

魁北克古城建筑

克城。1763年，根据英法条约，魁北克城归属英国。1791年，它成为下加拿大省首府。

魁北克古城建在陡峭的高原上，分上城和下城两部分。上城建在钻石角顶端，是宗教活动区和行政管理区，周围有城墙环绕；下城建在峭壁下，是港口和古老的居民区。高原下，流淌着圣劳伦斯河。

魁北克最古老的城市中心在下城区。皇家广场四周和圣母街两旁是公元17世纪和18世纪的建筑，其中胜利圣母教堂始建于1688年，1759年毁于火灾，现在的教堂是后来重建的。

魁北克城堡位于上城区，高约120米，周围有护城河环绕。城堡内现有25座建筑物，其中最宏伟的一座建于1892年，有宽阔的铜制倾斜大屋顶和塔楼，以及典雅的红色砖墙，气势非凡，是典型的校园古典风格的建筑，也是魁北克城的标志，现在是法蒂那城堡大饭店。

# 圣佩德罗—德拉罗卡城堡（古巴）

圣佩德罗德拉罗卡城堡，位于古巴东部的圣地亚哥省。17世纪加勒比海地区商业和政治上的竞争，导致了在海岬上建筑厚重的防御工事，以保护重要港口圣地亚哥。而古巴圣地亚哥的圣佩德罗—德拉罗卡堡是根据意大利文艺复兴原理设计的复合建筑体，包括堡垒、军火库、工事和大炮，是讲西班牙语的美洲人的军事建筑中保存得最完整、最好的一个。西班牙征服古巴，并且决定在古巴岛屿上定居之后，皇室政府官员多恩·迭戈·贝拉斯克斯被派往该地。1510年，贝拉斯克斯成为7个古巴式镇区创建的奠基人。公元1512~1519年间，亚松森的巴拉科阿圣母城、巴亚莫的圣萨尔瓦多、圣地亚哥、圣西蒙特立尼达、圣斯皮里图斯、普林西比港的圣玛丽亚和哈瓦那省的圣克里斯托卡尔先后建成。如今，它们仍然保留着自己独特的魅力和年代久远的、威严丝毫未减的古代遗物。毫无疑问，哈瓦那和特立尼达仍然保留了它们的历史中心地位，两者都有着很高比例的幸存下来的古代建筑和公共广场。集会建筑和历史文化也都具有很大的价值。

然而，从世系类别、建筑文化、历史遗迹、公共广场和城堡以及宫殿等方面来说，其他的建筑也有很大的保存价值。例如巴亚莫，在1868年，十年独立战争期间的早期，为了防止它落入敌人之手，这幢建筑的主人，放火将它连同地基一起烧掉。但是，它仍然珍藏了原始的教区教堂，成为具有极端重要地位的历史遗迹。再加上它使用当地的传

**圣佩德罗德拉罗卡城堡**

统颜色，尤若一辆现代的童车跑在古老的街道上一样。昨天的普林西比港，如今成为了一个历史中心。它向参观者展示了那独特的小街道，它的教堂、广场，它的牧师大厦，还有那朴素的院子。院子前有着大坛式的泥制容器，在当地主要用作雨水的收集器。巴拉科阿和圣地亚哥具有迷人的原始特色。它们位于海边，周围是高山环绕，加勒比海气候对人们的生活方式有着强大的影响。圣地亚哥的圣佩德罗德拉罗卡城堡和贝拉斯克斯纪念馆都是值得参观的。巴拉科阿是重要的城市，是古巴的第一个首府所在地，令人艳羡地捍卫着新世界中的第一个基督教遗迹，即保存在亚松森圣母教堂内的帕拉耶稣受难堂。

# 古堡赫圣胡安历史遗址（美国）

圣胡安历史遗址位于大西洋中西印度群岛的边缘，地理位置极为重要。它建于 1511 年，建成后不久，西班牙人就决定将波所黎各岛作为保护西南印度和帝国的军事基地。1533 年在港口旁边建筑了"福塔莱萨"，1539 年在这个岛的西部尖角位置和北部的岸边分别建筑了埃尔莫罗要塞和圣克里斯托瓦尔要塞。这个防御体系在后来的四个世纪中不断得到加强。这个要塞和喀他赫纳要塞在整个"新世界"中都给人留下了极为深刻的印象。

这个要塞也是饱经风雨。16 世纪末曾被英国人和法国人攻占，1625 年被荷兰人付之一炬。1630～1660 年之间要塞得以重建，重建后的要塞外面增加了一道城墙。在 1756～1763 年的"七年战争"后的军事改革中，西班牙国王查理三世将圣胡安视其为"第一梯队的防御阵地"。要塞的城墙重修并加固，两个要塞之间的城墙得到了延长，把整个城市包围起来。

城内的建筑排列紧凑笔直的街道连缀着露天广场。圣胡安防御体系宏伟而坚固，这真实地反映了欧洲海上军事建筑的风格和特点，以及对这种热带环境的适应。正面的拱廊和阳台构成了这个城市建筑上的一道靓丽的风景线。

这个要塞体系使得西班牙人从 16 世纪到 19 世纪末期一直保持着对加勒比海的战略控制。"福塔莱萨"要塞主要用来防止敌人从港口接近圣胡安镇，经过数年的改造，它被用来作为皇家军官的寓所和保存文献的仓库。埃尔莫罗堡垒用来保护圣胡安湾，它最终演变成为带有矮墙的军事工程学的杰出代表，上面精心设计着为步兵和大炮准备的台阶和坡道。在18世纪末的时候，有400多门大炮守卫这个堡垒，使之几乎是不可攻破的。几个世纪以来，这些堡垒发挥了重要的军事作用，它们使西班牙帝国免于加勒比印第安人和海盗的袭扰，免于其他国家的战争威胁。它们是西班牙强权的见证，它们的存在充分显示了波所黎各在"新世界"的探险和殖民地化过程中扮演的重要角色。

圣胡安国家历史公园包括要塞、外围阵地、弹药库、城墙和埃尔卡纽埃罗塞。埃尔卡纽埃罗要塞也被称为圣胡安·德拉·克鲁斯要塞，它曾经处于圣胡安殖民地的外围。圣胡安在"新世界"中拥有第一个市政府，在圣多明各的外面。这里也是西班牙人在美洲的第一个军事要塞。19世纪的时候，旧城已经变成了一个迷人的定居点和商业区。这个城市本身和其所属的博物馆、议会、教堂、广场和商业建筑都成为圣胡安历史纪念区的一部分，它们分别由市政府、州政府和联邦的有关部门管理。